지혜와 용기로 나라를 이끈
우리나라 최초의 여왕
선덕 여왕

이야기/교과서/인물 선덕 여왕

초판 제1쇄 인쇄일 2018년 7월 20일
초판 제1쇄 발행일 2018년 7월 25일
글 이재승, 공은혜 그림 백두리
발행인 이원주 본부장 김문정
편집 윤보영, 김하나 디자인 박준렬, 권영은
마케팅 이홍균, 김정현, 박병국, 양윤석, 명인수, 이예주
저작권 이경화 제작 김영훈
발행처 (주)시공사 주소 서울시 서초구 사임당로 82
전화 영업 2046-2800 편집 2046-2821~9
인터넷 홈페이지 www.sigongjunior.com

ⓒ 이재승, 공은혜, 백두리, 2018

이 책의 출판권은 (주)시공사에 있습니다.
저작권법에 의해 한국 내에서 보호받는 저작물이므로, 무단 전재와 무단 복제를 금합니다.

ISBN 978-89-527-8713-2 74990
ISBN 978-89-527-8164-2 (세트)

시공주니어 홈페이지 회원으로 가입하시면 다양한 혜택이 주어집니다.
잘못 만들어진 책은 구입하신 서점에서 바꾸어 드립니다.

사진 자료 제공 | 10쪽, 100쪽 황룡사지(Ronnie Dayo, CC-BY-SA 3.0), 48쪽 김유신의 무덤(Alain Seguin, CC-BY-SA 3.0), 66쪽 분황사 모전석탑(bifyu, CC-BY-SA 2.0), 101쪽 불국사(Asadal, CC-BY-SA 4.0), 석굴암 본존불(Richardfabi, CC-BY-SA 3.0) **위키미디어 공용**
11쪽 황룡사 9층 목탑 모형, 15쪽 선덕 여왕릉 **연합뉴스** | 17쪽, 67쪽 첨성대, 101쪽 다보탑, 석가탑 **시공사** | 38쪽 《삼국사기》, 39쪽 《삼국유사》 **국립중앙박물관**

KC마크는 이 제품이 공통안전기준에 적합하였음을 의미합니다.
제조국 : 대한민국   사용 연령 : 8세 이상
주의 사항 : 책장에 손이 베이지 않게, 모서리에 다치지 않게 주의하세요.

지혜와 용기로 나라를 이끈
우리나라 최초의 여왕

선덕 여왕

이재승, 공은혜 글 | 백두리 그림

시공주니어

작가의 말 … 6
선덕 여왕을 찾아가다 … 8

1장 왜 여자는 왕이 될 수 없습니까? … 18
역사 한 고개 신라의 골품 제도 … 28

2장 숨겨진 뜻을 꿰뚫는 지혜 … 30
역사 한 고개 선덕 여왕의 세 가지 예언 … 38

3장 진정한 믿음으로 얻은 인재 … 40
역사 한 고개 삼국 통일의 주역, 김유신과 김춘추 … 48

4장 시련을 딛고 피어난 여왕 … 50

5장   자주적인 나라를 열다 … 58
역사 한 고개 선덕 여왕 시대의 유적 … 66

6장   자애로운 만백성의 어머니 … 68

7장   세상에 당당히 맞설 용기 … 76

8장   위기는 곧 기회다 … 84

9장   백성의 마음을 하나로 모으다 … 92
역사 한 고개 신라의 불교 문화재 … 100

10장   영원히 나라를 지키는 신이 되리 … 102

선덕 여왕에게 묻다 … 110
선덕 여왕이 걸어온 길 … 114

선덕 여왕을 만나다

    1000년에 가까운 시간 동안 한 나라의 중심지였던 도시가 있습니다. 발길 닿는 데마다 역사의 숨결이 느껴지는 곳. 도시 전체가 박물관이라고 해도 지나치지 않은 곳. 바로 신라의 수도였던 '경주'입니다. 깊은 역사를 가진 경주에는 신라의 높은 문화 수준을 보여 주는 유적이 많습니다. 그중에서도 동양에서 가장 오래된 천문대로 알려진 첨성대는 관광객들의 사진 속에 단골로 등장하는 명소이지요.

    첨성대의 겉모습만 감상할 것이 아니라, 그 속에 담긴 시대를 들여다보면 우리는 지혜와 용기로 신라를 이끌었던 한 왕을 만나게 됩니다. 바로 신라의 제27대 왕이자 우리나라 최초의 여왕이었던 선덕 여왕입니다.

    그 전까지 우리나라 역사상 여자가 왕위에 오른 적은 없었습니다. 삼국 시대에는 고구려, 백제, 신라가 끊임없이 정복 전쟁을 벌였기에 많은 사람들은 여자가 왕이 되어 전쟁을 지휘하고 나라를 다스리는 것은 어렵다고 생각했습니다.

    이러한 분위기 속에서 선덕 여왕은 어떻게 왕위에 오를 수 있었을까요? 아마도 많은 반대에 부딪혔을 것입니다. 여러분도 다른 사람들의 반대에 부딪혀 하고 싶은 일을 하지 못했던 경험이 있지요? 선덕 여왕도 여러분과 같았습니다. 때로는 힘들고 지치고 상처를 받기도 했지요. 그러나 선덕 여왕은 좌절하지 않고 이를 극복하고자 노력했습니다. 그렇기에 마침내 공주의 신분으로 왕이 될 수 있었습니다.

　왕위에 오른 후 선덕 여왕은 다른 나라와 전쟁을 할 때 당당하게 맞서며 자주적이고 강한 신라의 모습을 보여 주었습니다. 김유신과 김춘추를 등용하여 훗날 삼국 통일을 이루는 초석을 만들기도 하였지요.

　무엇보다도 선덕 여왕이 가장 중요하게 생각했던 것은 전쟁이 아닌 백성들이었습니다. 백성들의 마음을 하나로 모으기 위해 노력했고, 전쟁으로 고통받는 백성들을 위해 곡식을 나누어 주었습니다. 이러한 여왕의 따뜻한 마음씨는 여러 설화와 이야기로 전해 내려오고 있답니다. 백성들도 여왕을 존경하고 사랑했기 때문이겠지요?

　선덕 여왕에 관한 역사적 기록은 많이 남아 있지 않지만 약간의 기록과 설화, 그리고 유적들을 살펴보면 선덕 여왕이 살았던 시대의 이야기를 짐작해 볼 수 있습니다. 이 책에는 바로 그 이야기가 담겨 있습니다. 여왕이 어떤 마음으로, 어떤 생각을 가지고 신라를 이끌었을지 떠올려 보세요.

　선덕 여왕은 오래전에 살았던 인물이지만 그 삶은 지금의 우리와 닮은 점이 많습니다. 많은 사람이 안 된다고 여겼던 일을 해내는 끈기와 위기를 돌파하는 용기, 그리고 다른 사람을 배려하고 아끼는 마음. 지금의 여러분에게도 필요한 것은 아닐까요?

　자, 이제 선덕 여왕이 들려주는 이야기 속으로 들어가 봅시다.

이재승, 공은혜

● 선덕 여왕을 찾아가다

경주 역사 유적 지구
신라 시대의 옛 도읍인 경주의 역사와 문화를
고스란히 담고 있는 유적 지구로,
유네스코 세계 문화유산으로 지정되었다.
경상북도 경주시

별이 된 여왕

후드득후드득.

문풍지 너머 빗방울이 떨어지는 소리가 아침부터 귓가에 간지럽게 울려 들었다.

"선화야, 일어나 봐. 답은 좀 생각해 봤어? 너 때문에 경주까지 와서 이게 무슨 고생이냐."

언제 일어났는지 수정이는 벌써 지도와 책을 뒤적거리고 있었다.

"너야말로. 역사 좀 잘 안다고 이 여행 참가하고 싶다고 한 게 누군데!"

나도 잠이 덜 깬 목소리로 버럭 소리를 질렀다.

"아아, 알겠어. 일단 우리 이럴 때가 아니니까 다시 한번 문제를 보자."

수정이의 말에 나도 괜히 미안한 마음이 들어 물끄러미 문제로 시선을 돌렸다.

있지만 있지 않은 9층 탑으로 오시오.

"어떻게 '있지만 있지 않은 탑'이 있을 수 있지?"

내 물음에 고개를 갸우뚱하던 수정이가 입을 열었다.

"혹시 경주 어딘가에 꽁꽁 숨겨 놓은 비밀의 탑이 있는 거 아닐까?"

"그런 탑이 있다면 아직 세상에 알려지지 않았겠지."

우린 다시 머리를 맞대고 경주 유적 지도를 찬찬히 들여다보았다.

불국사, 석굴암, 첨성대, 천마총, 동궁과 월지……. 셀 수 없이 많은 유적들이 도시를 빼곡하게 채우고 있었다. 신라의 천년 수도였다는 경주는 듣던 대로 도시 전체가 '유네스코 역사 유적 지구'일 만했다.

한참 동안 지도를 살펴보던 수정이가 별안간 눈을 동그랗게 떴다.

"어? 여기 아니야?"

덩달아 놀란 나도 이불을 걷어차고 수정이의 손가락이 가리키는 곳을 들여다보았다.

"황룡사지? 어디 봐. 황룡사는 553년에 시작해 선덕 여왕 14년에 완성하기까지 90여 년에 걸쳐 지은 절이다. 현재는 터만 남아 있으며 세계 최대 목탑인 황룡사 9층 목탑이 있었을 것으로 추정되고 있다."

"있지만 있지 않은 탑! 여기 맞지?"

수정이의 호들갑에 나는 그제야 뜻을 알아채고 탄성을 질렀다. '있지만 있지 않은 탑'은 바로, 과거에 있었지만 지금은 없는 탑인 황룡사 9층 목탑을 가리키는 말이었다.

"다른 애들도 찾았을까? 얼른 가 보자."

우리는 처마 밑에 세워 둔 자전거의 물기를 대충 털어 내고 서둘러 올라탔다. 밤새 내린 비로 쌀쌀한 공기가 목덜미를 파고들었지만 추위는 금세 잊혔다. 눈길이 닿는 족족 역사책에서나 보던 풍경이 펼쳐지는 곳. 마치 시간 여행을 온 것 같은 기분에 휘파람이 절로 나왔다.

황룡사지는 숙소에서 그리 멀지 않은 곳에 있었다.

"아니, 이게 다야? 돌덩이뿐인데."

멀리서 수정이의 투덜거리는 목소리가 들려왔지만 나는 눈앞에 펼쳐진 황량한 절터가 왠지 마음에 들었다. 텅 빈 공간에서 쓸쓸함과 외로움이 물씬 느껴진다고나 할까.

한참을 감상에 젖어 있는데 별안간 낯선 목소리가 들려왔다.

"문제의 답을 잘 찾았구나!"

"아이고, 깜짝이야! 누구세요?"

황룡사지

대학생 정도 되어 보이는 한 언니가 우릴 향해 싱긋 웃어 보였다.
"나 기억 안 나?"
"아아, 그러고 보니 어제 역사 여행 문제 카드를 나눠 줬던 언니네요!"
나와 수정이는 제대로 찾아왔다는 안도감에 서로를 향해 웃었다.
"저기 가면 황룡사 9층 목탑의 모형이 있는데, 함께 구경해 볼래?"
"우아, 정말요? 보고 싶어요!"

황룡사 9층 목탑 모형

우리는 언니를 따라 근처에 있던 황룡사 역사 문화관에 들어섰다. 건물 안에는 황룡사에 대한 다양한 역사 기록들이 전시되어 있었다.

"여기 황룡사 9층 목탑 모형이 있어요! 엄청 크네요."

비록 모형이었지만 우뚝 선 탑을 보자 반가운 마음이 들었다.

"근데, 너희 그거 알아? 사실 이 모형은 실제 크기의 10분의 1 정도라는 거."

언니의 말에 나와 수정이는 소스라치게 놀랐다.

"네에? 그럼 실제는 얼마나 컸던 거예요?"

"이 모형의 높이가 8미터 정도니까, 실제 높이는 80미터 정도?"

"8, 80?"

나도 모르게 말을 더듬으며 옆을 바라보자 수정이도 나를 흔들며 목소리를 높였다.

"헉, 이게 말이 돼?"

수정이 말이 맞다. 이 말도 안 되는 탑을 세우려고 한 왕은 무슨 이유로 이런 거대한 탑을 만들었던 걸까?

멍하니 탑을 올려다보고 있는데 눈앞에 문제 카드가 불쑥 나타났다.

"자! 감탄은 그 정도로 하고, 얼른 다음 문제를 풀어야지?"

나와 수정이는 언니가 내민 카드를 들여다보았다.

27·31· 별이 보이는 장소로 오시오.

알 듯 말 듯한 기억이 머릿속에서 꿈틀거렸다. 급한 마음에 얼른 언니에게 인사를 하고 밖으로 내달렸다. 무작정 자전거에 올라타자 뒤에서 수정이의 고함이 들려왔다.

"야! 어딘지 말을 하고 가야지!"

"너도 알잖아! 별 보는 데가 어디겠어?"

짤랑짤랑. 수정이의 자전거 소리가 점점 가까워져 왔다.

"혹시 거기?"

"응! 거기!"

황룡사지에서 10분쯤 달리자 목적지가 보이기 시작했다. 신라인들이 별을 관측했다고 여겨지는 곳인 첨성대. 유명 유적지답게 주변은 많은 사람들로 북적였다.

"국보 제31호. …… 이 첨성대는 신라 선덕 여왕 때 만들어진 동양에서 가장 오래된 천문 관측대이다. …… 기단 위에 27단의 석단을 원통형의 곡선으로 쌓아 올리고……."

"문제에 있던 숫자가 이거였구나!"

안내판을 읽고 주변을 한 바퀴 돌다 보니 울타리에 끼워진 문제 카드가 보였다.

"찾았다! 이제 마지막인가 봐."

여행의 마지막 장소는
지금까지 찾은 장소의 주인이 잠들어 있는 곳.

"황룡사 9층 목탑이랑 첨성대를 세운 사람? 아까 분명 읽었는데……."

턱을 괴던 수정이와 나는 순간 서로를 마주 보고 외쳤다.

"선덕 여왕!"

보물 지도의 보물을 발견한 것처럼 가슴이 쿵쾅거렸다.

"선덕 여왕릉까지 잘 찾아왔구나!"

선생님과 먼저 온 친구들이 멀리서 손을 흔들었다. 오후의 햇살이 쏟아지는 산속에는 파란 하늘 아래 초록색 무덤이 동산처럼 부드러운 곡선을 그리고 있었다.

"사실 이번 여행은 선덕 여왕의 발자취를 따라가는 여행이었단다. 하지만 수수께끼로 너희들을 여기까지 오게 한 것은 다 이유가 있지."

"여왕이 수수께끼를 좋아했나요?"

수정이의 물음에 선생님은 고개를 저으며 싱긋 미소를 지었다.

"왜냐하면, 선덕 여왕은 수수께끼 같은 여왕이거든. 황룡사 9층 목탑도, 첨성대도 아직 그 비밀이 완전히 풀리지 않았어. 첨성대를 제단이라고 주장하는 학자도 있지. 여왕의 시대는 이렇게 아직 풀리지 않은 수수께끼가 산더미야. 하지만 남은 유적들을 통해 그 답을 짐작해 볼 순 있겠지? 일단은 무덤 주변을 함께 걸을까?"

비에 젖은 나무 냄새를 맡으며 걷는 길은 선덕 여왕의 이야기처럼 신비로운 분위기가 물씬 풍겼다.

"선덕 여왕의 이름은 덕만이란다. 진평왕에겐 아들이 없었어. 덕만, 천명, 설화 속에 등장해 진짜인지는 모르지만 막내 선화 공주까지 모두 딸이었지."

"큭큭. 선화야, 선덕 여왕이 네 언니인 줄은 몰랐다."

수정이가 내 옆구리를 쿡 찔렀다. 나는 수정이를 향해 눈을 한번 흘기고는 다시 선생님의 이야기에 빠져들었다.

"선덕 여왕은 신라의 27번째 왕이었는데, 우리나라 역사상 최초의 여왕이었어. 이름처럼 선한 덕을 베푼 왕으로 알려져 있지. 게다가 너희들도 봤

듯이 황룡사 9층 목탑처럼 거대한 탑을 세울 정도면 굉장히 강한 정치력도 가졌던 거 같아."

고개를 끄덕이는 우리들을 향해 선생님이 비밀스러운 이야기를 하듯 목소리를 낮추었다.

"사실 선덕 여왕은 자신이 죽을 날과 묻힐 장소를 미리 예언했다는 이야기가 있어."

"네? 어떻게요?"

다른 친구의 물음에 선생님은 산 아래를 가리켰다.

"저기 사천왕사라는 절이 있지? 사천왕은 불교에서 말하는 도리천의 수호신인데 선덕 여왕은 자신이 어느 날 죽을 것이니 도리천에 묻어 달라고 했다는 거야. 그런데 그때는 저 절이 없었을 때거든. 여왕은 여기가 도리천이 될 것을 미리 내다본 것이지."

선덕 여왕릉

"뭔가 으스스해요."

"에이, 말도 안 돼요."

우리들의 아우성에 선생님이 그럴 줄 알았다는 듯이 웃었다.

"하하, 사실 이런 이야기는 설화로 전해져 오는 거라서 진실인지 아닌지는 알 수 없어. 다만 당시에 여자가 왕위에 올랐으니 주변의 견제가 심했다고 해. 그래서 이런 이야기에 왕으로서, 여성으로서 선덕 여왕의 능력과 지혜로움을 담았던 게 아닐까?"

1000년이 넘게 지나도록 이 자리에 있었을 여왕의 무덤을 가만히 바라보니 뭉클한 기분이 들었다. 선덕 여왕은 어떤 마음으로 신라를 이끌었을까? 무섭고 두렵진 않았을까?

내 마음속 생각을 듣기라도 한 듯 선생님이 말을 꺼냈다.

"선덕 여왕을 좀 더 느끼기 위해 오늘 밤에 첨성대에 가 볼까? 야경이 아주 멋지거든."

"우아, 좋아요!"

우리들의 목소리가 여왕의 무덤 위 높은 하늘까지 메아리쳐 울렸다.

"하늘 좀 봐. 밤새 비가 내려서 그런지 별이 아주 많아."

밤하늘 아래 조명을 받은 첨성대는 낮에 봤던 것보다 훨씬 아름답게 빛나고 있었다.

"첨성대를 만든 걸 보니 선덕 여왕은 별을 좋아했나 봐요."

밤하늘을 바라보느라 고개를 한껏 젖힌 우리들은 마치 신라 시대에 간 것 같은 느낌에 한껏 취해 있었다.

"옛날에 별은 나라의 운명을 알려 주는 중요한 존재였거든. 여왕은 지금쯤 저 별이 되어 우릴 보고 있을지도 모르지."

선생님의 말이 끝나기 무섭게 가장 크고 반짝이는 별이 눈에 들어왔다. 빛나는 건 여왕의 웃음일까, 아니면 눈물일까.

나는 눈을 감고 천천히 여왕의 모습을 그려 보았다. 1400여 년 전 첨성대가 서 있던 서라벌 한복판. 향기롭고 찬란했던 신라의 역사가 눈앞에 펼쳐지려 하고 있었다.

첨성대

1장
왜 여자는 왕이 될 수 없습니까?

붉은 해가 저물어 가는 **서라벌**의 장터는 하루를 정리하는 상인들로 수선스럽게 복작였다. 한데 뒤엉킨 사람들 사이를 걷던 한 여인이 곡물전 앞에 멈추어 섰다.

"요즘 장사는 좀 어떻소?"

여인이 건넨 말에 상인은 무심하게 대답을 던졌다.

"어떻고 말고가 있겠소. 우리 같은 사람들이야 하루 벌어 하루 먹고사는 것이지."

상인은 여인이 차려입은 비단옷을 힐끔 보고는 불평하듯 작게 혼잣말을 덧붙였다.

"참 나, 댁 같은 분들이 우리 같은 사람들 사는 형편을 뭘 알겠소?"

상인의 말에 여인 곁에 그림자처럼 서 있던 무사가 순간 움찔했다.

"이게 감히 누구 앞에서……."

여인은 잽싸게 무사 앞을 가로막고 상인에게 걱정스레 위로를 건넸다.

"그러게 말이오. 사정이 더 나아져야 할 텐데……."

장터를 빠져나와 떠들썩한 소리가 점점 멀어지자 무사가 여인을 보며 상인을 향해 발끈했다.

"그놈이 건방지게 공주마마께 함부로!"

그러나 여인은 신경 쓰지 않는다는 듯 말을 이었다.

"오랜 전쟁으로 백성들은 이토록 힘들게 살고 있구나. 신라는 앞으로 어떤 나라가 되어야 좋겠느냐?"

씁쓸한 얼굴로 무사를 돌아보는 여인의 정체는 신라 진평왕의 첫째 딸 덕만 공주였다. **잠행**을 통해 본 백성들의 삶은 생각보다 훨씬 고단하고 힘겨웠다. 그래서인지 궁으로 향하는 덕만의 발걸음은 오늘따라 더욱 무겁기만 했다.

서라벌
신라의 수도(지금의 경상북도 경주), 또는 신라의 옛 이름.

잠행
임금이 비밀리에 나들이하던 일.

그사이 어둑한 달그림자가 왕궁의 담을 넘어 뜰에 내려앉았다. 삼삼오오 모여 선 대신들 위로 어두운 그늘이 드리웠다. 무거운 침묵이 이어지자 누군가 참지 못한 듯 입을 열었다.

"이 혼란한 시기에 신라의 미래를 약속할 후계자가 없다니요."

"성골 사내의 씨가 마른 이 상황에 폐하는 도대체 누굴 후계자로 세우려 하시는지. 쯧쯧."

대신들은 저마다 혀를 끌끌 차며 미간을 찌푸렸다. 신라는 신분의 구분이 매우 엄격한 나라였다. 왕족인 성골과 진골 중에서도 가장 높은 신분인 성골만 왕이 될 수 있었다. 그리고 그때까지 왕위에 오른 사람들도 모두 성골 남자였다.

"혹시 덕만 공주를 마음에 두고 계신 것 아닙니까?"

한 대신이 가만히 말을 꺼내자 다른 대신들은 불쾌한 듯 고개를 저었다.

"공주가 총명하다고는 하나 여인이 아니오? 아무리 지금의 왕께 아들이 없다지만 지금껏 이 나라에 여인이 관직에 나선 경우는 없었소. 하물며 왕이라니요."

"그렇소. 성골이 없다면 전통에 따라 마땅히 진골 사내 중에서 후계자가 나와야 하지 않겠습니까?"

은밀한 대화를 이어 가던 대신들은 어느 순간 흠칫 놀라 한곳을 보았다. 뜰 안쪽부터 불빛 하나가 일렁이며 그림자를 만들어 내고 있었다.

"어두운 곳에서 무슨 이야기꽃을 그리 피우고들 계시오?"

잠행을 마치고 왕궁에 들어선 덕만이 불빛을 받으며 대신들을 향해 다가오고 있었다. **이찬** 칠숙은 공주의 기품에 눌려 마른침을 꿀꺽 삼켰다.

"내, 내일이 중요한 전투의 **출정**일이 아닙니까. 그에 대한 이야기를 하고 있었습니다. 공주께선 어디를 가시는지요?"

덕만은 칠숙의 마음을 훤히 들여다보기라도 한 양, 싱긋 웃으며 대신들을 바라보았다.

"나도 이찬과 같은 이유로 아버님을 뵈러 가는 길이오. 내일이 중요한 전투의 출정일이 아닙니까?"

덕만의 대답에 대신들은 황급히 머리를 숙이고는 옷매무새를 가다듬을 새도 없이 자리를 떴다. 덕만은 그들의 뒷모습을 한참 바라보았다.

'또 성골이니 진골이니, 여인이니 사내니. 고민들이 많으셨구려.'

대신들 사이에 다음 왕위 문제로 뒷말이 많다는 것은 이미 알고 있었다. 덕만의 얼굴에 밤바람만큼 쓸쓸하고 차가운 미소가 서렸다.

진평왕의 **처소**에서는 아직 불빛이 새어 나오고 있었다.

이찬
신라의 17개 관직 등급 가운데 두 번째 등급.

출정
군사를 전쟁에 보내어 적을 물리치는 일.

처소
사람이 생활하거나 임시로 머무는 곳.

"폐하, 덕만 공주께서 오셨습니다."

진평왕은 나이를 먹어 예전 같지 않은 몸을 바로 세우며 앉았다.

"그래, 늦은 시각에 무슨 일이냐."

"고구려의 낭비성을 치는 중요한 전투의 출정 전날이 아닙니까. 아바마마께서 잠 못 들어 하실 것 같았습니다."

아들 없이 딸만을 둔 진평왕에게 덕만 공주는 듬직한 아들과 같았다. 그러나 지금까지 여인이 왕위에 오른 일은 없었기에 후계를 생각하는 진평왕의 근심은 깊어만 갔다. 지금으로서는 유일한 성골 여인인 덕만 공주도, 진골인 사위 **용춘**도 '성골 남자'라는 틀에 딱 들어맞는 후계자는 아니었다.

진평왕은 덕만의 마음속을 떠보고 싶었다.

"공주는 전쟁터에서 왕의 역할이 무엇이라고 생각하느냐?"

삼국이 거친 전쟁을 거듭하던 시대에 왕은 용맹의 상징이었다. 여인이 이제껏 왕위에 오르지 못했던 것도 그 때문이었다. 여자의 몸으로는 무거운 갑옷을 입고 칼을 휘두를 수도, 전쟁터를 누빌 수도 없었다. 진평왕은 누구보다 그것을 잘 알고 있었다.

'네가 무슨 대답을 하든, 여인이 할 수 없는 일일 터.'

아버지의 질문을 이해한 듯, 잠시 생각하던 덕만이 입을 열었다.

"왕은 곧 병사들의 가슴입니다. 왕은 활과 칼을 들고 싸우는 것이 아니라 싸우는 자들의 뜨거운 가슴이 되어야 합니다."

"왕은 가슴이 되어야 한다? 그것은 어째서냐?"

"병사들이 싸우는 이유는 나라를 위해서입니다. 그러니 그 나라를 만드는 것이 왕의 역할입니다. 왕은 그들이 싸우는 이유가 될 수 있어야 한다는 뜻입니다."

덕만은 왕이 가져야 할 정신적 힘을 이야기했다.

"그렇다면 여인이어도 왕이 될 수 있다고 생각하는 것이냐?"

진평왕이 정곡을 찔러 묻자, 덕만은 아버지의 얼굴을 물끄러미 바라보았다.

"이 물음에 대한 답을 또 다른 물음으로 해도 좋겠습니까?"

예상치 못한 답에 진평왕이 궁금한 표정으로 고개를 끄덕이자 덕만이 천천히 입을 열었다.

"왜 여자는 왕이 될 수 없습니까?"

은은하게 비치던 등불이 파르르 몸을 떨었다. 왕은 잠시 말문이 막힌 채 덕만을 바라보았다. 덕만은 이미 왕이 되고자 하는 이유를 찾아 가고 있었다. 진평왕은 마음속으로 가만히 읊조렸다.

'네가 이미 왕의 뜻을 품었구나.'

덕만이 평소에 나랏일에 관심이 많고, 공부 또한 게을리하지 않는다는 것은 알고 있었지만 이렇게 확고한 뜻을 세우고 있을 줄은 몰랐다. 왕은 더 이상 말을 하지 않았으나 마음속으로는 딸이 대견하고 자랑스러웠다.

용춘
진지왕의 아들이며 태종 무열왕(김춘추)의 아버지. 부인은 진평왕의 딸인 천명 공주이다.

처소로 가는 길을 걸으며 덕만은 백성들과 대신들, 그리고 아버지와의 대화를 곱씹어 보았다. 왕이 되는 길이 순탄하지 않을 것은 분명했다. 많은 사람들의 반대와 견제가 있을 것이고, 좌절하게 될 순간도 있을 터였다.

'무슨 일이 있더라도 내가 세운 꿈을 향해 나아가자.'

덕만은 딛는 걸음마다 앞으로 자신이 이룰 미래를 마음속으로 그리고 또 그렸다. 늦은 밤부터 새벽 동이 틀 때까지 덕만의 처소에는 글을 읽는 덕만의 그림자가 사라질 줄 몰랐다.

둥둥둥.

지난밤의 고요함을 깨는 북소리가 새벽하늘에 찢어질 듯 울렸다. 출정을 위해 **대열**을 마친 군사들의 얼굴에는 비장한 각오가 어려 있었다. 구경 나온 백성들이 구름처럼 모여들어 장사진을 이뤘다. 이윽고 붉은 **갑주**를 입은 **대장군** 용춘이 병사들 앞에 나섰다.

"신라의 용맹한 군사들이여, 이번 전쟁에서 우리는 반드시 낭비성을 되찾아 신라의 꿈을 이룰 것이다!"

"와아!"

병사들의 함성이 땅을 뒤흔들었다. 백성들도 함성과 박수로 병사들의 사기를 돋우었다. 그 모습을 위에서 바라보던 덕만도 가슴이 뜨거워져 오는 것을 느꼈다.

"공주마마께서는 무슨 생각이 드십니까?"

고개를 돌려 보니 을제 대신이었다. 머리에 하얀 서리가 내린 을제 대신은 진평왕의 충직한 신하였다.

"제가 **태자**였다면, 저 자리에 있었을까 하는 생각이 문득 드네요."

덕만의 말에 을제 대신이 웃음을 지었다.

"마마께서는 지금 충분히 잘하고 계십니다."

덕만은 신라의 군사들을 바라보며 입을 열었다.

"저들이 승리하여 신라의 강함을 만방에 알릴 수 있으면 좋겠어요."

"그래야지요. 앞으로 신라는 더욱 강하고 굳건한 나라가 될 것입니다."

"그러나 전쟁에서 승리하는 것만이 강한 나라가 되는 건 아닐 거예요."

"예?"

을제 대신은 눈을 휘둥그렇게 떴다. 덕만은 모여 선 백성들을 향해 시선을 옮기며 말을 이었다.

대열
임금이 군대를 정렬해 놓고 직접 검열하는 것.

갑주
갑옷과 투구를 아울러 이르는 말.

대장군
신라 시대에 둔 무관의 으뜸 벼슬.

태자
임금의 자리를 이을 임금의 아들.

"나라의 근본은 무엇인가요? 넓은 영토인가요? 물론 넓은 땅은 강인한 국가의 조건이겠지요. 그러나 그 땅은 누구를 위한 것인가요?"

덕만은 아이를 업고 선 여인과 노파를 물끄러미 보며 말했다.

"바로 저기 모여 있는 백성들이에요. 저에겐 저 백성들의 눈물이 보여요. 전쟁터로 나서는 병사들도 누군가의 아들이고, 아버지일 테지요. 저들의 눈물을 닦아 줄 수 있어야 진정 굳건한 나라가 될 거예요, 이 신라는."

덕만의 생각은 남달랐다. 피 흘리는 전쟁을 통해 영토를 넓히는 정복 군주가 아닌, 수많은 전쟁으로 피폐해진 백성들의 삶을 어루만지는 평안한 나라의 왕을 꿈꾸고 있었다.

"허허, 옳으신 말씀입니다."

을제 대신은 덕만의 옆모습을 바라보았다. 듣던 것보다 더욱 생각이 깊고 총명한 공주였다. 을제 대신은 덕만이 그리는 신라의 미래가 몹시도 궁금하고 기대되었다.

그리고 그 곁에 선 덕만은 출정하는 군사들의 모습을 바라보며 가만히 주먹을 쥐었다.

'아버지, 저는 이 신라를 더욱 살기 좋고 평안한 나라로 열어 가겠습니다. 여인이라 하여 못할 것이 무엇입니까? 저는, 왕이 되겠습니다.'

신라의 골품 제도

골품 제도는 신라의 신분 제도이다. 골품 제도가 생겨난 역사는 신라가 탄생한 배경과 관련이 있다. 신라는 경주 지역의 6개 마을이 만든 사로국에서 시작되었다. 사로국은 점차 힘을 키워 주변의 작은 나라들과 부족들을 정복하며 성장해 나갔는데, 이때 여러 세력들의 서열을 정리한 것이 골품 제도이다. 골품 제도는 법흥왕 때 완성된 것으로 여겨지며 신라가 멸망할 때까지 신라 사회를 지배하는 중요한 제도였다.

골품 제도는 골제와 두품제가 합쳐진 것이다. 골제는 왕족인 성골과 진골로 이루어져 있으며, 두품제는 6두품부터 1두품까지 6개의 등급으로 이루어져 있다.

성골은 왕이 될 수 있는 가장 높은 신분이었고, 진골은 원래 왕이 될 자격이 없었지만 태종 무열왕부터는 왕위에 올랐다. 6두품에서 4두품까지는 귀족으로, 관직에 오를 수 있었지만 올라갈 수 있는 관직이 제한되어 있었고, 3두품에서 1두품은 일반 백성들이었다. 따라서 아무리 능력이 있는 사람

〈최치원 초상〉

이라 할지라도 신분이 낮으면 높은 관직에 오를 수 없었다. 신분이 6두품이라면 아무리 승진을 하여도 6등급의 관직인 아찬까지밖에 올라갈 수 없는 것이다.

이처럼 관직에 대한 제한뿐 아니라 혼인을 할 때에도 원칙적으로 같은 신분 안에서만 허락되었다. 또한 관리들이 입는 옷의 색, 옷감의 종류, 집의 크기, 수레 장식의 종류, 그릇 종류의 수 등 일상생활에서도 신분에 따라 차별이 있었다.

골품 제도로 인한 신분의 차별이 매우 엄격했기 때문에 신라 말기에는 골품 제도에 불만을 가진 사람들이 늘어났다. 특히 6두품은 중앙 귀족이면서도 출세에 제한이 있었기 때문에 신분 제도에 불만이 높았다. 그중에서도 설계두는 실력 있는 신라의 청년이었지만 6두품의 계급에 한계를 느끼고 당나라로 가 당나라 태종이 고구려를 치는 데 공을 세웠다. 6두품이었던 최치원 역시 당나라에서 유학생을 대상으로 하는 과거에 급제하여 이름을 날리고 명성을 얻었지만, 신라에서는 신분의 벽에 부딪혀 적극적으로 정치에 참여할 수 없었다.

신라의 신분 제도에 한계를 느낀 사람들은 진골들의 왕위 다툼이 심해지고 왕권이 약화되자 새로운 나라를 향한 열망을 키워 갔다.

2장
숨겨진 뜻을 꿰뚫는 지혜

"폐하, 당나라 황제가 보내온 선물이 도착했습니다."

신라 왕궁은 아침부터 모여든 대신들과 선물을 나르는 사람들로 북적였다. 덕만도 두 동생인 천명, 선화 공주와 함께 당나라에서 온 진귀한 선물을 구경하러 온 참이었다. 색색의 보자기에 싸인 물건들을 보며 막내 선화 공주가 눈을 반짝였다.

"덕만 언니, 당나라에서 웬 선물일까?"

"지난번에 신라의 사신들이 **조공**을 갔잖아. 그에 대한 보답으로 보낸 것이래."

"신라도 당나라와 **화친**을 맺는 거야?"

"고구려와 백제를 견제하려면 주변의 나라들과도 적당하게 관계를 유지

하는 것이 좋으니까. 당나라는 크고 강한 나라야. 우리에게 힘을 보태 준다면 좋겠지."

덕만은 늘 신라의 정치 상황에 관심을 가지고 있었다. 신라는 작은 나라였기에 주변 나라들과의 관계가 무척이나 중요했다. 고구려, 백제와의 관계는 늘 팽팽한 긴장이 감돌았고, 삼국의 주변에는 막강한 군사력을 가진 당나라가 버티고 있었다. 덕만의 말에 고개를 끄덕이며 세 자매는 왕의 옆에 자리를 잡고 앉았다.

이윽고 물건들이 모두 놓이자, 진평왕은 앞에 선 신하에게 물었다.

"그래, 이것들이 다 무엇인고?"

"우선 이것은 채색 비단 300필입니다."

신하가 보자기를 여니 고운 빛깔의 비단들이 겹겹이 쌓여 있었다. 대신들이 탄성을 내뱉었고 공주들의 눈도 휘둥그레졌다. 진평왕이 흡족한 미소를 지으며 이번에는 옆의 병풍으로 시선을 돌렸다. 신하는 병풍을 들어 가운데에 놓았다. 활짝 핀 꽃으로 꾸며진 병풍이었다.

조공
중국 주변에 있는 나라들이 때를 맞추어 중국에 예물을 바치던 일. 또는 그 예물.

화친
나라와 나라 사이에 다툼 없이 가까이 지내는 것.

"이것은 모란 병풍이옵니다. 모란은 꽃 모양이 웅장하고 화려하여, 당나라에서 **부귀**를 나타내는 꽃이라 합니다. 신라의 왕께서 부귀하시라는 뜻으로 보내신 것입니다."

과연 병풍에는 붉은빛, 자줏빛, 흰빛의 모란이 화폭에 담겨 화려함을 뽐내고 있었다. 대신들은 너도나도 모란의 아름다움을 칭송했다.

"폐하, 꽃의 **위용**이 참으로 대단합니다."

"그림이지만 마치 그 향이 전해져 오는 것 같사옵니다."

모두가 병풍 속 모란의 아름다움에 흠뻑 빠져들고 있을 때, 병풍을 찬찬히 바라보던 덕만은 의아한 듯 그림의 한곳을 빤히 바라보았다. 그러나 아무도 덕만의 행동을 눈치채지는 못했다.

"여기 병풍과 함께 보내온 다른 선물을 올리겠나이다."

왕은 병풍 옆에 놓인 세 개의 작은 상자를 받아 들었다. 상자 안에는 비단에 싸인 모란의 꽃씨가 들어 있었다. 진평왕은 고개를 들어 딸들을 바라보았다.

부귀
재산이 많고 지위가 높음.

위용
훌륭하고 뛰어난 용모나 모양.

"이것은 모란의 꽃씨로구나. 화폭의 모란이 세 가지 빛깔인 것을 보니 이 씨앗도 빛깔마다 나누어진 듯하다. 한 상자씩 너희들에게 줄 테니 뜰에 심어 보겠느냐?"

"정말요? 감사합니다, 아바마마."

천명 공주와 선화 공주는 기쁜 마음에 저마다 두 손을 맞잡았다. 오직 덕만 공주만이 생각에 잠겨 병풍과 꽃씨를 물끄러미 번갈아 볼 뿐이었다.

"그래, 누가 어떤 씨앗을 가지겠느냐?"

"전 가장 향기 좋은 꽃을 피울 씨앗을 갖고 싶어요. 언니, 무엇이 좋을까?"

천명 공주의 물음에 덕만이 엷은 웃음을 지었다.

"글쎄, 다 같을 것 같은데."

"덕만이는 꽃씨가 마음에 안 드는 것이냐?"

아까부터 덕만의 표정을 살피던 진평왕이 의아하다는 듯 물었다.

"그것이 아니고, 제 생각엔 저 모란이 아름답기는 하지만 분명 향기는 없을 것 같아서 그렇사옵니다."

덕만의 말은 확신에 차 있었다. 왕을 비롯한 두 공주와 대신들은 어리둥절했다.

"왜 그렇게 생각하느냐?"

"그것은 저 그림을 보면 알 수 있습니다."

덕만의 대답에 진평왕은 그 뜻이 더욱 궁금해졌다. 대신들도 모두 덕만을 집중해 쳐다보았다.

"그림을 보고 어떻게 향을 알 수가 있단 말이냐?"

그러나 덕만은 뜻 모를 웃음을 지을 뿐이었다. 덕만이 더 이상 말을 하지 않자 대신들은 괜한 말이었을 것이라 생각하고 곧 의문을 거두었다.

"심어 보면 알 수 있겠죠. 전 이걸 심고 싶어요."

선화가 씨앗 상자 하나를 집어 들자, 천명과 덕만도 상자를 골랐다.

"그래, 오늘부터 각자 모란을 심고 가꾸도록 하거라. 누구 꽃이 가장 향기롭고 아름다울지 보자."

진평왕이 딸들을 향해 웃음을 지었다.

소중하게 상자를 받아 든 공주들은 처소에 각자의 씨앗을 심고 가꾸었다. 씨앗은 곧 싹을 틔우고 자라나 탐스런 봉우리를 맺었다. 공주들은 저마다 물을 주고 햇빛을 쬐이며 성심껏 모란을 살폈다.

"언니, 이제 곧 꽃이 필 것 같아."

천명 공주가 모란 봉우리를 보며 기대에 차 목소리를 높였다.

"그래, 꽃이 피면 아바마마께도 꼭 보여 드리자."

시간이 흐른 뒤 왕궁에는 공주들의 뜰에 모란이 아름답게 피어났다는 이야기가 돌았다. 대신들은 들려오는 소문을 이야깃거리 삼아 두런두런 이야기를 나누었다.

"지난번 공주들께서 받아 간 모란이 아름답게 피었다지요."

"그런데 그 소식을 아십니까? 신기하게도 덕만 공주께서 말씀하신 것처럼 꽃에 향기가 없다고 합니다."

"아니, 그것이 정말입니까?"

"신통한 일입니다. 공주께서는 어찌 미리 아셨을까요?"

궁금한 것은 대신들뿐만이 아니었다. 진평왕은 그날 듣지 못한 덕만의 대답이 몹시 궁금했다. 곰곰이 생각하던 왕은 공주들의 처소로 걸음을 옮겼다.

"아바마마, 안 그래도 이 꽃들을 보여 드리고 싶었어요."

공주들이 나와 왕을 반갑게 맞이했다. 진평왕과 공주들은 모란이 가득한 뜰을 함께 거닐었다.

"꽃이 아주 곱고 탐스럽게 피었구나."

모란을 바라보던 진평왕이 덕만을 바라보았다.

"그런데 덕만아, 너는 이 꽃에 향기가 없음을 어찌 알았느냐?"

왕의 물음에 다른 두 공주도 궁금한 표정으로 덕만의 대답을 기다렸다. 덕만은 미소를 지으며 답했다.

"본래 아름다운 여인에게는 사내들이 따릅니다. 그것은 향기로운 꽃에 벌과 나비가 모여드는 것과 같은 이치입니다. 하지만 그 병풍의 그림에는 꽃 주위에 모여든 곤충이 없었습니다."

"주위에 곤충이 없었다?"

"예. 꽃잎이 화려하고 웅장하기는 하였으나, 벌과 나비가 없으니 분명 향기가 없는 꽃이라 생각한 것입니다."

덕만의 말에 잠시 침묵하던 진평왕이 크게 웃었다.

"허허허, 공주가 보이지 않는 것을 꿰뚫어 보는 눈을 가졌구나."

왕은 덕만의 지혜에 크게 놀랐다. 두 동생도 덕만에게 감탄의 시선을 보냈다. 더불어 진평왕에게는 덕만이 왕의 재목임을 다시 한번 확인하는 계기가 되었다.

그러나 덕만은 조금도 우쭐하지 않았다. 꽃에 향기가 없음을 예언한 것은 덕만이 대단한 능력을 가져서가 아니었다. 언제나 어떠한 대상을 자세히 살피고 깊게 생각하고자 노력했기 때문이다. 그 대상이 사물이건 사람이건, 중요한 것은 숨겨진 의미를 찾고자 하는 열린 생각과 태도라는 것을 덕만은 알고 있었다.

선덕 여왕의 세 가지 예언

선덕 여왕에 관한 기록은 《삼국사기》와 《삼국유사》에서 찾아볼 수 있다. 두 책은 모두 삼국(고구려, 백제, 신라)의 역사를 기록한 대표적인 역사책으로, 현재 역사 연구의 중요한 자료가 되고 있다. 《삼국사기》는 고려 중기의 학자인 김부식이 왕의 명령으로 지은 공식적인 역사책이며, 《삼국유사》는 고려 후기 승려 일연이 개인적으로 쓴 역사책이다. 두 책에서 다루고 있는 선덕 여왕의 일화는 약간의 차이가 있다.

두 책에서는 '선덕 여왕의 지기삼사'를 다루고 있는데 이는 선덕 여왕이 예측한 세 가지 신비로운 일로, 모두 여왕의 지혜로움을 보여 주는 일화들이다.

첫 번째 일화는 당나라 황제가 보낸 모란 그림에 곤충이 없는 것을 보고 모란에 향기가 없다는 것을 예측한 일이다. 《삼국사기》에는 여왕이 공주이던 시절 있었던 일로, 《삼국유사》는 여왕 즉위 후에 있었던 일로 기록하고 있다. 특히 《삼국유사》에 기록된 일화를 보면 선덕 여왕은 당 태종이 보낸 모란 그림을 보고 "내가 배필이 없음을 비꼰 것이다."라고 해석하였다. 선덕 여왕은 당나라 황제의 비아냥에도 의연하게 대처하였음을 알 수 있다.

두 번째 예언은 옥문지라는 연못에서 개구리가 우는 것을 보고 백제군의 침입을 예언한 일이다. 어느 겨울 경주 서쪽의 옥문지에 개구리가 많이 모여들어 우는 괴이한 일이 일어났다. 이를 보고 선덕 여왕은 옥문곡이라는 계곡에 백제 군사가 숨어 있음을

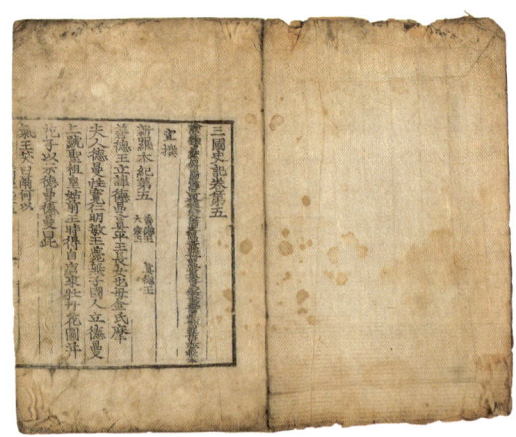

《삼국사기》

예측하고 군사를 보내 무찌르도록 하였다. 《삼국사기》에서는 이 일화에 대해 개구리의 눈은 군사의 모양이며 옥문지는 궁궐 서쪽이므로, 선덕 여왕이 신라의 서쪽에 있는 옥문곡에 군사가 있음을 예측했다고 기록되어 있다. 《삼국유사》에는 이와는 조금 다르게 선덕 여왕의 예언을 소개하고 있다. 여왕은 개구리는 병사를 상징하며 옥문은 여자를 뜻한다고 하였다. 여자가 속하는 음의 빛깔은 흰색인데 흰색은 곧 서쪽을 상징하므로 옥문곡에 군사가 있음을 예측하였다는 것이다.

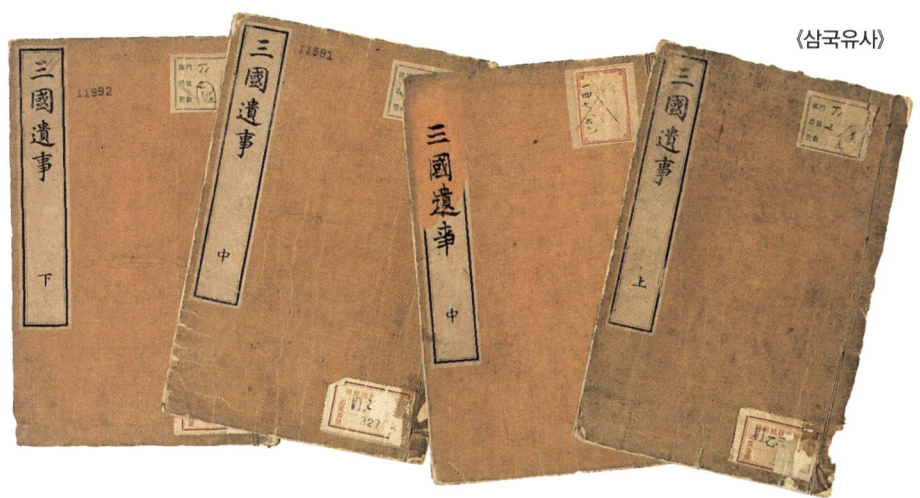

《삼국유사》

　세 번째 예언은 선덕 여왕의 죽음에 관한 예언으로 《삼국유사》에 기록되어 있다. 어느 날 선덕 여왕은 신하들에게 "내가 어떤 해 아무 날에 죽을 것이니 도리천에 장사를 지내 달라."라고 하였다. 신하들이 도리천이 어디인지 묻자 여왕은 낭산의 남쪽이라 대답하였다. 그리고 실제로 자신이 예언한 그날에 여왕은 세상을 떠났다. 여왕의 부탁대로 신하들은 여왕을 낭산의 양지바른 곳에 묻었는데, 그로부터 20여 년이 흘러 문무왕은 선덕 여왕의 무덤 아래 사천왕사라는 절을 세우게 되었다. 불교에서는 사천왕사 위에 도리천이 있다고 하였으므로, 결국 여왕은 자신의 예언대로 도리천에 묻히게 된 것이다.

3장
진정한 믿음으로 얻은 인재

고구려와 벌인 낭비성 전투에서 신라는 큰 승리를 거두었다. 오랜만에 들려온 승리 소식에 서라벌은 환호로 들끓었다. 왕궁에서도 전쟁에서 공을 세운 자들을 칭찬하고 축하하기 위한 성대한 연회가 열렸다. 대장군 용춘과 서현을 비롯하여 많은 장수들이 전투의 영웅으로 새롭게 떠올랐다.

"처음에는 고구려가 우세하였다는데, 서현 공의 아들이 그 기세를 한 번에 꺾었다지요?"

"과연 **화랑**의 정신을 만방에 드높였구려!"

"이 전투로 우리 신라가 중요한 지역을 차지하였으니, 앞으로 삼국의 판도가 바뀔 것이오."

많은 이들이 전쟁의 승리를 기뻐하며 떠들썩한 가운데, 연회에 참석한 덕만은 건너편 자리에 앉아 있는 장수들을 자세히 훑어보았다.

'이자들은 지금까지 신라 왕실을 이끌던 귀족 세력이 아니다. 이들이 앞으로 신라를 위해 큰일을 할 자들이구나.'

덕만은 이제 왕실에 새로운 세력이 나타날 것을 직감했다. 지금의 귀족들은 덕만이 왕위를 물려받는 것을 탐탁지 않게 생각하고 있었다. 그렇기에 이 상황은 덕만에게도 기회였다. 하지만 아직 덕만에게는 한편이 되어 힘을 실어 줄 사람이 부족했다.

'나의 사람으로 삼을 인재가 필요한데…… 이들은 어느 가문의 자들인가?'

덕만은 옆에 앉은 대신에게 넌지시 물었다.

"서현 공의 아들이 큰 공을 세웠다던데, 그게 누구요?"

"아, 저쪽에 앉아 있는 김유신이라는 자입니다."

대신은 곧은 눈썹에 서글서글한 인상을 한 젊은 장수를 가리켰다.

"김유신은 이번 전쟁의 부장군으로 지략과 용맹을 겸비한 자로 이름이 드높습니다. 화랑도에서 그를 따르는 낭도들이 이미 수백이랍니다."

화랑
신라의 청년 수양 단체. 함께 모여 심신 수련과 학문 수양 등을 하였다. 훌륭한 장군과 충신들이 이 단체에서 많이 나왔으며 신라의 삼국 통일에 큰 역할을 했다.

덕만이 호기심 어린 표정으로 김유신을 바라보자 대신은 덕만을 향해 낮은 목소리로 속삭였다.

"그러나 저자의 증조부는 금관가야의 마지막 왕이었던 구충입니다. 그 출신 때문에 정식 진골 대접은 못 받는 처지이지요."

금관가야는 가야 연맹을 주도하던 부족 국가였지만 삼국의 견제를 견디지 못하고 결국 신라에 항복하고 말았다. 신라는 가야의 왕족들을 진골 귀족으로 받아들였지만 신라 왕족들은 그들을 은근히 무시하고 있었다. 김유신의 아버지 김서현 또한 **풍월주**의 자리에 오르지 못하고 용춘에게 밀려난 터였다.

'가야국 출신이라……. 서러운 신분의 벽에 가로막힌 자로구나.'

그날 저녁, 덕만은 김유신을 따로 처소로 불렀다. 가까이에서 본 김유신은 훨씬 다부지고 강인한 느낌을 주는 장수였다.

"그대가 서현 공의 아들이오?"

"예, 공주마마. 김유신이라고 하옵니다."

"그대가 이번 전쟁에서 큰 공을 세웠다고 들었소. 불리한 가운데 적진에 홀로 들어가 뛰어난 무예 실력으로 적들을 무찔렀다지."

김유신은 황송한 듯 고개를 숙였다.

"당연한 일을 했을 뿐입니다."

"앞으로 신라를 위해 더 큰일을 해야 하지 않겠소?"

"예?"

갑작스런 덕만의 말에 김유신이 놀라 고개를 들었다.

"나는 오직 신라를 위해 앞으로의 미래를 도모할 자가 필요하오."

명석한 김유신은 곧 덕만의 말을 이해했다. 자신의 사람이 될 수 있겠느냐는 물음이었다. 잠시 망설이던 김유신은 다소 애매한 답을 올렸다.

"소신은 신라의 장수이옵니다. 신라의 승리를 위해 전쟁터를 누빌 각오가 되어 있습니다."

덕만은 김유신이 짊어져 온 출신의 한계를 미루어 짐작했다. 가야 출신이라는 태생은 신라에서 무거운 족쇄가 되었을 것이다. 여자라는 약점을 안고 왕위를 꿈꾸는 덕만은 김유신에게서 자신과 같은 그림자를 보았다.

"나는 그대의 출신 따위 문제 삼지 않을 것이오. 나와 함께 신라의 앞날을 만들어 가 보겠소?"

덕만의 확신에 찬 말이 김유신에게 믿음을 주었다. 김유신 또한 신분의 굴레에도 큰 뜻을 품고 있었기에 덕만의 진심 어린 말을 듣자 마음이 움직였다.

"소신, 공주마마와 함께 더욱 부강한 신라를 만들어 가겠습니다."

두 사람의 결연한 눈빛이 타올랐다. 꿈을 향한 덕만의 발걸음은 이제 한 층 더 위를 향해 올라서고 있었다.

풍월주
화랑도의 우두머리.

며칠 후, 덕만은 오랜만에 동생들과 남산으로 산책을 나섰다. 천명 공주의 아들 김춘추도 함께 뒤를 따랐다. 풀 냄새를 맡으며 흙길을 걷다 보니 잡생각이 사라지고 정신이 맑아지는 기분이 들었다. 덕만은 얼마 전 김유신과의 만남을 떠올렸다.

'유신 공은 뛰어난 인재이지만 칼이 어울리는 장수야. 전쟁터가 아닌 왕궁 안에서 나를 도와줄 자는 없을까?'

그때였다.

산 아래 서라벌을 내려다보던 덕만의 시선이 한곳에 멈추었다. 서라벌 한가운데서 갑자기 시커먼 연기가 높게 피어오르고 있었던 것이다.

"아니, 어디서 불이라도 난 것이냐?"

덕만이 소리를 치며 주위를 돌아보았다.

"저, 아마도 유신 공의 집에서 나는 연기인 듯합니다."

한 시녀가 머뭇거리며 대답을 했다.

"뭐라? 김유신의 집에 불이 났단 말이냐?"

덕만의 목소리가 커지자 시녀는 난감한 듯 대답을 이어 갔다.

"실은 오늘 유신 공이 누이동생을 태워 죽인다는 소문이 서라벌에 파다합니다."

덕만은 더욱 크게 놀라 뒤를 바라보았다.

"지금 뭐라고 했느냐? 누가 누굴 태워 죽인다는 것이야? 자세히 말해 보거라!"

"유, 유신 공의 누이가 혼인도 하지 않았는데 아이를 가졌다 합니다. 이에 유신 공이 크게 화가 나 누이를 태워 죽일 것이라 합니다."

덕만은 의아했다. 김유신은 감정적으로 일을 처리할 만한 자가 아니었다. 생각에 잠긴 덕만의 시선에 문득 김춘추의 새파래진 얼굴이 들어왔다. 김춘추는 조금 전부터 갑자기 안절부절못한 채 식은땀을 흘려 댔다. 덕만은 마음속에 짚이는 바가 있었다.

"그 아이의 아비 되는 사내가 도대체 누구라고 하더냐?"

순간 김춘추의 낯빛이 흙빛으로 변했다. 그 모습을 본 덕만은 짐작이 확신으로 바뀌는 것을 느꼈다.

"그 사내가 너로구나. 어서 가서 구하지 않고 뭘 하고 섰느냐?"

덕만이 김춘추를 향해 외치자, 김춘추는 꾸벅 고개를 숙이고는 급히 산을 달려 내려갔다.

'유신 공, 내가 이럴 줄 알고 일부러 불을 낸 것이오? 이렇게까지 해서 그대가 손을 잡고자 하는 자가 춘추라……'

김춘추는 왕족인 부모 아래 신라의 지도자로 성장하고 있던 촉망받는 젊은이였다. 빠르게 멀어져 가는 그의 뒷모습을 바라보던 덕만이 갑자기 웃음을 지었다. 왠지 앞서 하던 고민을 해결할 수 있을 것도 같았다.

얼마 안 가 김춘추와 김유신의 누이 문희는 혼례를 올렸다.

"공주마마께 소신들이 큰 은혜를 입었습니다."

김유신과 김춘추는 덕만에게 찾아와 인사를 올렸다.

"공주마마, 이번 일을 잊지 않고 마마의 뜻에 보답할 것입니다."

아직은 앳된 김춘추에게서 결연한 의지가 느껴졌다.

"내 너의 총명함은 익히 들어 알고 있다. 너의 재주가 내게도 큰 힘이 될 것이야."

덕만은 너그러운 웃음을 지었다. 김춘추가 나가자 김유신과 덕만은 마주 앉아 솔직하게 이야기를 나누었다.

"아무리 그래도 누이동생을 태워 죽이다니, 내가 말리지 않으면 어쩌려고 했소?"

"하하, 소신은 공주마마께서 춘추 공을 보내 주실 것이라 믿었습니다."

김유신의 말에 덕만이 기가 막히다는 표정을 지었다. 웃음이 잦아들자 김유신은 조용히 말을 꺼냈다.

"춘추는 큰 재목입니다. 용춘 공와 천명 공주님의 아들이니 공주마마께도 조카가 아닙니까. 이제 저희 두 집안이 결합하였으니, 더 단단해질 것입니다. 그리고 마마의 든든한 버팀목이 될 것입니다."

김유신의 말에 덕만도 서서히 가슴이 벅차올랐다. 이제 덕만은 김유신과 김춘추라는 두 날개를 얻게 되었다. 진심을 통해 얻은 값진 자신의 사람들이었다.

삼국 통일의 주역, 김유신과 김춘추

김유신(595년~673년)은 신라의 삼국 통일을 이끈 장군이다. 금관가야의 시조인 수로왕의 12대손으로 《삼국유사》에는 김유신이 일곱 별의 정기를 타고 태어나 등에 칠성 무늬

김유신의 무덤

가 있었다고 전해진다. 금관가야가 멸망하면서 신라의 진골 귀족으로 편입되었으며 15세에 화랑이 되어 몸과 마음을 수련했다. 그를 따르는 낭도들이 많았는데 그 무리를 용화향도라고 불렀다.

김유신이 한때 기생을 자주 만나러 다니는 것을 부모가 꾸짖자 김유신은 다시는 기생의 집에 가지 않을 것을 다짐했다. 그러나 김유신이 말을 타고 잠든 사이에 말이 기생의 집으로 그를 데려가자, 아끼던 말의 목을 베어 버렸다. 이는 김유신의 굳은 의지와 강한 성격을 엿볼 수 있는 일화이다.

김유신은 고구려와의 낭비성 전투에서 큰 공을 세워 두각을 나타내기 시작했으며 선덕 여왕 때 상장군에 올라 많은 전쟁에서 승리를 거두었다. 비담과 염종의 반란을 진압할 때에도 큰 공을 세웠는데, 당시 선덕 여왕이 있던 월성에 큰 별이 떨어져 반란군의 기세가 드높자 김유신은 연에 불을 붙여 별이 하늘에 다시 올라간 것으로 꾸몄다. 이렇게 하여 병사들의 사기를 북돋우고 반란군을 진압했다는 이야기가 전해진다.

김유신은 여동생을 김춘추에게 시집보내며 정치적인 입지를 다졌고, 후에 김춘추가 왕의 자리에 오르자 신라 내부의 정권을 장악하게 되었다. 이후 군사를 이끌고 백제를 멸망시켰으며, 신라의 삼국 통일에 결정적인 역할을 하였다.

김춘추(604년~661년, 재위 654년~661년)는 신라 제29대 왕인 태종 무열왕이다. 진지왕의 손자이며, 용춘과 천명 공주의 아들이다. 진골 왕족이었으나 폐위된 진지왕의 혈통이었기 때문에 처음부터 왕위에 오를 수 있는 위치는 아니었다. 그러나 김유신의 동생인 문희와 혼인하면서 김유신과의 결속을 단단히 다졌고 점차 신라의 주도 세력으로 성장하였다.

김춘추와 문희가 결혼하게 된 배경에는 김유신의 적극적인 움직임이 있었다. 김유신은 김춘추와 축국이라는 놀이를 하다가 일부러 김춘추의 옷을 밟아 찢어 놓았다. 그러고는 여동생들에게 옷을 꿰매 줄 것을 부탁하였다. 보희는 부끄럽다며 이를 거절하였으나 문희가 김춘추의 옷의 꿰매 주면서 연인이 되었다. 이러한 일이 있기 전에 문희는 보희가 꾼 기이한 꿈 이야기(소변을 보는데 서라벌이 잠기는 꿈)를 듣고 비단을 주고 꿈을 샀다고 한다. 꿈 덕분인지 문희는 김춘추의 아이를 가지게 되었다. 그러나 신라의 엄격한 신분 제도 때문에 결혼을 할 수 없었고, 이를 안 김유신이 문희를 죽이고자 하였다. 결국에는 이를 알아챈 선덕 여왕 덕분에 김춘추가 문희와 결혼할 수 있게 되었다고 전해진다.

김춘추는 신라와 다른 나라가 외교 관계를 맺는 데 적극적으로 참여하여 공을 세웠다. 백제를 치기 위해 고구려의 힘을 빌리려 하였으나 협상이 실패하자 후에 당나라로 건너가 나·당 연합을 성공시켰다. 654년 화백 회의(신라 시대 신분이 높은 관리들이 나라의 중요한 일을 결정하던 회의)를 통해 왕위에 올랐으며, 당나라의 도움을 바탕으로 김유신으로 하여금 신라군을 이끌고 백제를 치게 하여 정복하였다.

태종 무열왕릉 비

4장
시련을 딛고 피어난 여왕

칠흑같이 어두운 밤, 검은 그림자 하나가 조심스런 몸놀림으로 왕궁의 담을 넘어 들어왔다. 공주들의 처소까지 한걸음에 달려온 검은 복장의 사내는 덕만이 누워 있는 방 안쪽까지 다가가 조심히 칼을 빼 들었다. 복면 아래로 사내의 눈빛이 칼끝처럼 매섭게 번뜩였다. 그러나 칼을 높이 쳐든 순간 사내는 이상한 기운을 느끼고 흠칫했다.

'설마…….'

사내가 이불을 홱 젖히자 공주가 누워 있어야 할 자리가 텅 비어 있었다.

'이런. 당했구나.'

마음이 급해진 사내가 서둘러 자리를 벗어나려 하자 등 뒤에서 벼락같은 호통이 들려왔다.

"네놈은 누구냐!"

어느새 사내의 등 뒤에 다가온 덕만이 얼음장같이 냉랭한 기운을 뿜어내고 있었다. 자신을 에워싼 수십 명의 무사들을 본 사내는 속절없이 무릎을 꿇고 말았다.

닷새 전, 덕만은 김유신과 김춘추로부터 은밀한 정보를 보고받았다.

"공주마마, 이찬 칠숙과 **아찬** 석품이 반란을 꾀하고 있다 합니다."

"아니, 그것이 사실이냐?"

"예, 염장 공께서 저와 아버지께 비밀리에 알려 주셨습니다."

김춘추의 대답에 덕만은 온몸이 얼어붙었다. 염장은 김춘추에게는 외삼촌으로, 친족 관계가 넓어 왕궁 안팎의 정보에 밝았다.

"안 그래도 요즘 그자의 움직임이 수상하였다. 하필 아바마마께서 편찮으신 이때에 어찌 이런 일을……."

덕만은 눈을 질끈 감았다. 언젠가는 한번 휘몰아칠 것 같았던 회오리바람이 서서히 모습을 드러내는 듯했다.

"마마, 이런 때이기 때문에 저들이 못된 마음을 품은 것입니다. 큰 뜻을 이루는 데 이 정도 시련은 견뎌 내셔야 합니다."

김유신의 말에 덕만이 천천히 눈을 떴다. 덕만이 왕이 되는 것을 반대하

아찬
신라의 17개 관직 등급 가운데 여섯째 등급. 6두품이 오를 수 있는 가장 높은 관등이다.

는 귀족들이 있는 한 이것은 예정된 시련이었다. 그렇다면 이제 그들에게 자신의 굳은 의지를 보여 줄 때라고 생각했다.

덕만은 진평왕에게도 이 사실을 알리고 조언을 구했다.

"아바마마, 귀족들이 반란을 꾸미고 있는 것 같습니다. 저는 어찌해야 합니까?"

이제 병색이 완연한 진평왕은 덕만을 향해 천천히 입을 뗐다.

"덕만아, 내가 왜 너를 나의 후계자로 정하였는지 아느냐?"

덕만은 아버지를 애잔히 바라보았다.

"그것은 네가 단지 성골이어서만은 아니다. 너에게서 누구보다 굳은 마음을 보았기 때문이다. 무릇 왕이란 거친 파도 속의 배와도 같느니라. 어려움에 흔들리고 약해져서는 원하는 곳까지 갈 수 없는 것이지. 이번 일을 계기로 대신들에게, 그리고 다른 나라의 왕들에게 너의 위엄을 보이거라."

검은 복면의 사내가 덕만 앞에 무릎을 꿇은 그 시각, 칠숙은 몸을 숨기고 일의 성공을 기다리고 있었다. 전전긍긍하던 칠숙은 어디선가 들려오는 소란스런 소리에 조심스럽게 밖을 살폈다. 순간 칠숙의 목에 시퍼런 칼날이 들어왔다.

"윽, 웬…… 웬 놈들이냐!"

어둠을 밝히는 횃불 사이로 사내들의 비장한 얼굴이 드러났다. 왕궁의 무사들이었다. 칠숙은 미처 대비하지 못하고 있다가 맥없이 붙잡혀 밖으로 나왔다.

"역적의 무리들을 모두 묶어라!"

칠숙과 그의 부하들은 무사들의 칼날 아래 무릎을 꿇었다.

'아뿔싸. 공주가 미리 알아챘구나.'

칠숙은 분함에 고개를 떨구었다. 반란을 도모한 자들이 진평왕 앞에 잡혀 오자 덕만은 차갑게 물었다.

"그대들이 이 나라의 질서를 어지럽히고자 마음을 먹었다지?"

"이 나라 대대로 여자가 왕위에 오른 적은 없습니다. 오히려 공주께서 나라의 질서를 어지럽힌 것은 아닙니까?"

칠숙은 악을 쓰며 외쳤다.

"그대의 말은 이치에 맞지가 않구려. 내가 여자라서 안 된다면, 사내라면 저잣거리 장사치도 왕위에 오를 수가 있단 말이오?"

위엄이 넘치는 공주의 목소리가 궁궐 안을 쩌렁쩌렁 울렸다. 칠숙을 비롯한 주변의 대신들은 더 이상 아무 말도 할 수가 없었다. 그 모습을 지켜보던 진평왕은 덕만의 말에 힘을 실어 주었다.

"공주의 말이 모두 옳다. 반란의 무리들을 극형에 처해 본보기로 삼도록 하라! 도망친 석품도 속히 잡아들이고, **구족**을 없애라."

구족
고조 · 증조 · 조부 · 부친 · 자기 · 아들 · 손자 · 증손 · 현손까지의 동종(同宗) 친족을 통틀어 이르는 말.

칠숙과 도망쳤던 석품은 모두 붙잡혀 가족과 친척이 모두 사형에 처해졌다. 그 이후 덕만의 왕위 계승에 대해 불만을 가진 귀족들은 더 이상 반란을 꾀하지 못했다.

왕궁은 한동안 세찬 바람이 몰아치는 바다와 같았다. 거센 파도 속에서도 덕만은 목적지를 잃지 않기 위해 굳게 버티고 있었다. 마침내 귀족들의 반란을 제압한 덕만은 생각했다.

'칠숙과 석품이 아니더라도 분명 나를 탐탁지 않게 생각하는 자들이 아직 많을 것이다. 이번 일로 겉으로 보이는 걸림돌은 사라졌을지라도 남은 자들의 마음을 잘 사로잡아야 하겠구나.'

궁을 휩쓸던 바람이 잠잠해지자 진평왕은 기운을 다 쓴 탓인지 병세가 더욱 악화되었다. 몸져누운 진평왕은 자리에서 일어나지 못했다.

"덕만아, 너에게 혼란스러운 나라를 물려주고 가게 되었구나."

"아바마마, 약한 소리 마세요."

덕만의 눈에 눈물이 고였다. 죽음을 예감한 왕은 마지막 힘을 쥐어짜 딸의 손을 잡았다.

"신라는 작은 나라였지만 많은 사람들의 피와 땀으로 이 자리까지 왔느니라. 부디 네가 꿈꾸던 대로 평안하고 부강한 신라를 만들어 가거라."

이내 왕의 손이 힘없이 떨구어졌다.

"아바마마!"

덕만은 아버지의 품에 얼굴을 묻고 울음 섞인 외침을 쏟아 냈다.

"폐하!"

공주의 곁에 있던 대신들도 왕의 죽음에 깊은 슬픔을 토해 내며 눈물을 흘렸다.

왕을 잃은 신라는 혼란의 소용돌이에 빠져들었다. 귀족들은 서로 간에 보이지 않는 견제를 시작했고, 백제와 고구려는 호시탐탐 신라 정벌의 기회를 노리고 있었다.

그리고 마침내 632년 정월, 혼란을 수습할 새로운 왕의 즉위식이 거행되었다. 웅장한 북소리에 맞춰 오색 천이 하늘을 수놓고 깃발이 바람에 펄럭였다. 수많은 대신들과 백성들이 지켜보는 가운데 왕의 **복식**을 갖춘 덕만이 등장했다. 덕만은 가장 높은 자리를 향해 천천히 걸어 나갔다.

'이 자리에 오기까지 참으로 많은 일이 있었구나.'

여러 생각을 하며 발걸음을 잇던 덕만이 이윽고 옥좌 앞에 멈춰 돌아서자 세상은 시간이 멈춘 듯 고요해졌다. 많은 어려움 속에서도 품었던 뜻을 향해 의지를 굽히지 않았던 덕만이 공주의 신분으로는 유례없이 옥좌에 앉는 순간이었다.

대열을 이룬 대신들 가운데 선 김유신도 벅찬 가슴으로 새로운 왕을 바라보았다.

> **복식**
> 옷과 장신구를 아울러 이르는 말.

'공주마마, 아니 폐하. 지금까지처럼 앞으로 굳건하게 나아가십시오. 소신, 신라를 위해 모든 것을 바칠 것입니다.'

아래를 한참 동안 굽어보던 덕만이 고개를 들어 하늘을 보았다.

'아바마마, 지켜봐 주세요. 그 어떤 어려움에도 꺾이지 않겠습니다. 제 꿈은 이제 시작입니다.'

머리에 쓴 금관의 장식이 햇살을 받아 황금빛으로 찬란하게 반짝였다. 이제 신라는 선덕 여왕의 새로운 시대를 맞이하고 있었다.

5장
자주적인 나라를 열다

"당나라에 다녀온 사신에게서는 이번에도 아무 소식이 없다고 합니까?"

"허허. **선대왕**의 국상 기간도 끝나 가는데, 어찌 폐하에 대한 **책봉**이 이리 늦는단 말입니까?"

궁궐에 모인 대신들의 얼굴에는 저마다 근심이 가득했다. 그도 그럴 것이 신라는 벌써 여러 차례 당나라에 신라의 새로운 왕을 책봉해 줄 것을 요청했지만 아직 책봉 문서를 받지 못하고 있었기 때문이다. 많은 신하들은 이 일로 인해 신라의 국력이 약해질까 염려하며 전전긍긍하고 있었다.

"폐하 납시오!"

때마침 왕의 등장을 알리는 소리가 길게 울려 퍼지고, 선덕 여왕이 신하들을 지나쳐 자리에 앉았다. 선덕 여왕은 대신들의 걱정은 이미 알고 있다는 듯 태연한 얼굴로 입을 열었다.

"저는 오늘 신라의 새로운 **연호**를 선포하고자 합니다."

예상치 못한 여왕의 말에 대신들의 눈이 휘둥그레졌다.

"예? 연호라면……."

"그렇소. 더 이상 선대왕이 쓰던 연호를 쓸 수는 없지 않겠습니까? 우리 신라의 독자적인 새로운 연호를 쓰고자 하오."

"저…… 폐하. 지금 중요한 것은 그것이 아닙니다."

"그렇습니다. 이번에도 사신이 당나라에서 책봉 문서를 받아오지 못했습니다."

대신들은 앞다투어 여왕의 말을 가로막았다. 궁궐 안이 소란스러워지자 선덕 여왕의 목소리가 천장을 쩌렁쩌렁 울렸다.

"당나라의 인정을 받는 것이 그리 중요한 일이오?"

선대왕
죽은 전왕을 높여 이르는 말.

책봉
중국에서 사신을 보내어 임금을 봉하여 세우는 것.

연호
새로운 왕이 왕위에 오르면서 왕이 다스린 해의 차례를 나타내기 위해 숫자 앞에 붙이는 이름.

갑작스런 여왕의 호통에 대신들은 모두 꿀 먹은 벙어리가 되어 눈을 끔벅일 뿐이었다.

"그렇지만 폐하, 신라는 대대로 당나라에 조공을 보내 섬겨 오고 있지 않습니까?"

"그렇습니다. 당나라의 책봉을 받는 것이 새로운 시대를 여는 시작일 것입니다."

대신들의 말에 선덕 여왕은 잠시 생각에 잠겼다. 여왕은 지금의 상황을 누구보다 잘 알고 있었다. 아마도 당나라는 신라에 여왕이 즉위한 것을 탐탁지 않게 생각하고 있음이 분명했다. 그리고 백제나 고구려의 왕도 비슷한 생각을 하고 있을 것이다. 그러나 선덕 여왕의 생각은 대신들과 달랐다.

"그대들의 말처럼 신라는 당나라에게 조공을 보내고 있소. 그러나 그것이 신라가 당나라의 속국이라는 것을 뜻하는 것은 아니오. 우리가 계속 저들의 인정을 받고자 쩔쩔맨다면 우리를 더욱 우습게 여기지 않겠소?"

선덕 여왕의 당당한 말에 조금 전까지 소리를 높이던 대신들이 숙연해졌다.

"그렇습니다. 또한 지금은 고구려도 당나라에 못지않은 힘을 키우고 있습니다. 당나라에만 의지한다면 고구려에게 침략의 빌미를 줄 수도 있습니다. 지금은 우리 스스로 신라의 국력을 키워 나갈 때입니다."

대신들 사이에 있던 김춘추가 침묵을 깨고 나섰다. 김춘추의 말에 선덕 여왕도 고개를 끄덕였다.

"경의 말이 옳소. 우리 신라는 그동안 누구의 간섭도 없이 나라를 지켜

왔습니다. 앞으로도 우리 신라는 우리 스스로의 힘으로 부강한 나라를 열어 갈 것입니다."

여왕의 힘 있는 한 마디 한 마디가 무겁게 내려앉았다. 대신들은 누구 하나 나서지 않고 가만히 고개를 숙일 뿐이었다.

"새로운 연호는 어질고 공평한 신라를 세우겠다는 뜻을 담아 인평(仁平)이라 할 것입니다. 그대들도 나를 도와 그 뜻을 이뤄 가리라 믿겠습니다."

선덕 여왕은 스스로의 의지로 신라의 새 시대를 열겠다는 뜻을 분명히 하였다. 언제까지나 강한 나라의 눈치만 보고 있을 수는 없었다. 여왕의 생각을 읽었는지 조금 전까지 걱정 가득하게 탄식을 내뱉던 대신들도 조금씩 고개를 끄덕이기 시작했다.

634년, 마침내 나라의 새로운 시작을 알리는 날이 밝았다.

연호의 선포에 맞추어 분황사의 완공 축하연이 성대하게 열렸다. 분황사는 여왕이 주도하여 세운 절이었다. 따라서 단순한 절의 의미를 넘어 왕의 위엄을 드러내고자 하는 여왕의 의지가 담겨 있었다.

절의 입구는 많은 신하들과 승려들, 그리고 여왕의 행렬을 구경 나온 백성들로 인산인해를 이루었다. 절에 다다른 선덕 여왕은 모전석탑 앞에서 걸음을 멈추었다. 돌을 벽돌 모양으로 다듬어 쌓은 탑은 웅장하면서도 우아한 자태를 드러내고 있었다. 선덕 여왕은 탑을 돌아본 후 승려들에게 축하 인사를 건네며 덕담을 나누었다.

"참으로 멋지고 아름다운 절이군요."

선덕 여왕은 흡족한 미소를 지었다.

"분황이라는 이름 또한 향기로운 황제의 절을 뜻하는 것 아니겠습니까? 폐하의 앞길과 신라의 백성들을 부처님께서 보살펴 주실 것입니다."

승려들이 여왕의 말에 합장하며 고개를 숙였다. 여왕 또한 부처님께 신라의 앞날을 위해 간절한 기도를 올렸다.

'우리 신라가 굳건한 나라로 우뚝 설 수 있도록 자비를 베풀어 주소서!'

절을 부처님께 바치는 것은 곧 왕과 국가의 권위를 드러내는 것이었기 때문에 여왕은 일부러 분황사의 완공에 맞추어 연호를 선포했다. 주변 나라들에게 자주 국가로서 신라의 의지를 알리고자 한 것이다.

덩달아 모여든 백성들의 마음에도 자연스럽게 신라인의 긍지가 물씬 깃들었다.

"절의 웅장함이 우리 신라의 힘을 보여 주는 듯하구먼."

"폐하께서 우릴 부처님처럼 자비롭게 보살펴 주셨으면 좋겠네."

"왜 아니겠나. 저기 폐하께서 나오시네. 여왕 폐하 만세!"

"만세!"

백성들의 함성이 하늘 높이 울려 퍼졌다. 엷은 미소를 띤 선덕 여왕은 인자하게 백성들을 바라보았다.

'그대들이 신라인임을 자랑스러워할 수 있도록 내 모든 노력을 아끼지 않을 것이야. 이제 또 무엇을 해야 할까?'

선덕 여왕의 머릿속에는 어느새 새로운 계획이 싹트고 있었다.

얼마 후, 분황사 주변의 널따란 터에 석공들이 모여 바윗돌을 다듬어 나가기 시작했다. 작업은 무척 섬세하고 조심스럽게 이루어졌다. 정성스럽게

다듬어진 돌은 한 층 한 층 원통 모양으로 쌓여 나갔다. 작업을 지켜보던 백성들은 저마다 고개를 갸웃하며 대화를 나누었다.

"여보게, 저기서 무얼 만들고 있는 건가?"

"글쎄. 폐하께서 새로운 일을 하시는 것 같은데······."

"우물인 것 같기도 하고 아닌 것 같기도 하고. 알쏭달쏭하구먼."

시간이 흘러 작업이 막바지에 다다르자 마침내 호리병 모양의 건축물이 모습을 드러냈다. 각진 돌들이 둥글게 쌓여 원만한 곡선을 이룬 모습은 화려하진 않지만 무척 견고한 인상을 주었다. 작업이 끝났다는 소식을 듣고 선덕 여왕도 궁에서 나와 신하들과 함께 그 모습을 감상하였다.

"이제 완성된 것인가?"

"예, 폐하. 이것이 바로 첨성대이옵니다."

첨성대는 정사각형의 받침대 위에 원통형으로 돌을 쌓아 올린 형태로 이루어져 있었다. 중간에는 사각형 창이 뚫려 속이 들여다보였다.

"저 부분으로 올라가 관측을 하게 되는가?"

"그렇사옵니다. 이제 이곳에서 해그림자와 별의 움직임을 측정할 수 있습니다. 시각과 절기를 측정하여 백성들의 삶에도 큰 도움이 될 것입니다."

선덕 여왕은 무척 흡족하였다.

"우리 신라의 기술로 하늘의 뜻을 직접 읽을 수 있다니 참으로 대단한 일이오."

"예. 신라의 **역법**은 결코 다른 국가들에 뒤지지 않습니다."

당시에 하늘에 있는 별의 움직임을 읽는 일은 곧 땅 위에 살아가는 인간들이 하늘의 질서를 이해하는 것이며 미래의 일을 예언하는 일이기도 했다.

선덕 여왕은 한참 동안 첨성대를 바라보았다. 지는 해를 맞아 붉게 빛나는 첨성대는 여왕의 뜨거운 마음을 그대로 담아낸 듯했다.

이제 여왕의 꿈은 하나하나 실현되어 가고 있었다. 자신의 뜻을 담은 연호를 선포하고 웅장한 절인 분황사를 세워 신라의 위상을 높였고, 신라만의 독자적인 천문 관측대를 세우게 되었다. 삼국 통일이라는 원대한 꿈을 향해 선덕 여왕의 신라는 이렇듯 조금씩 스스로의 힘을 차곡차곡 쌓아 나가고 있었다.

역법
달과 별 같은 천체 운행의 주기적 현상을 기준으로 하여 시간의 흐름을 측정하고 날짜의 순서를 매겨 나가는 방법.

역사 한 고개

선덕 여왕 시대의 유적

분황사 모전석탑 (국보 제30호)

　선덕 여왕은 신라 사람들의 마음을 모으기 위한 구심점으로 불교를 택하여 많은 절을 지었다. 백성들의 마음을 하나로 모으는 한편, 왕의 강력한 권력을 보여 주기 위한 것이었다. 634년(선덕 여왕 3)에 지어진 분황사도 이와 같은 의미로 지어진 절이었는데 절의 이름에 황제를 뜻하는 '황(皇)'을 사용함으로써 중국의 황제와 같은 권위를 드러내고자 했다.

　분황사 모전석탑은 분황사를 지으며 세워진 탑으로 현재 남아 있는 신라 석탑 중에 가장 오래된 석탑이다. 돌을 벽돌 모양으로 다듬어 쌓아 올렸으며, 높이는 9.3미터이다. 원래는 더 높았지만 임진왜란 때 불타면서 현재는 3층만 남아 있다. 본래는 7층이나 9층이었을 것으로 추정되고 있다.

　분황사 모전석탑 안에서는 일반적인 탑에서 찾아보기 어려운 바늘, 실패, 가위 등 여성의 생활용품들이 발견되었다. 이는 선덕 여왕 시대에 여왕과 관련하여 탑을 세울 때 시주했던 물건으로 여겨지고 있다.

분황사 모전석탑

첨성대 (국보 제31호)

선덕 여왕 때 세워진 동양에서 가장 오래된 천문대로 정확한 건립 연도는 밝혀지지 않았다. 높이는 약 9.5미터인데 1단의 지름은 4.93미터, 27단의 지름은 2.85미터로, 위로 갈수록 좁아지는 형태로 만들어졌다. 전체적인 모습은 맨 아래의 기단부와 몸체인 원통부, 그리고 맨 위의 정상부로 나누어져 있다.

첨성대와 관련한 여러 수치들에 대해서는 다양한 해석이 있다. 원통부 27단은 신라 제27대 왕인 선덕 여왕을 상징한다는 해석도 있고, 돌의 개수는 365개 안팎으로 이는 1년을 상징한다고 한다. 또한 가운데 창을 기준으로 각각 위와 아래가 12단으로 나누어지는데 이는 1년의 열두 달과 24절기를 의미한다는 해석도 있다.

아직 선덕 여왕이 왜 첨성대를 세웠고 첨성대가 어떤 기능을 하였는지 명확히 드러난 바는 없다. 그러나 많은 학자들은 첨성대가 천문대의 역할을 했을 것이라고 추측하고 있다. 가운데 창에 사다리를 걸치고 안으로 들어가 꼭대기에서 하늘을 관찰했던 것으로 보고 있다. 혼천의와 같은 천문 관측기구를 정상에 놓고 관측하였으며, 태양의 운행을 중심으로 해그림자를 측정하고 별의 움직임을 통해 24절기를 측정하였던 것으로 보인다.

그 밖에 첨성대가 제사를 드리던 제단이었다는 견해도 있다.

첨성대

6장
자애로운 만백성의 어머니

"아이고 여보, 이게 무슨 일이오? 무사히 살아 돌아온다더니……."

덩그런 마당에 한 아낙이 주저앉아 가슴을 치며 서럽게 울기 시작했다. 어머니의 치맛자락을 꼭 붙잡은 아이들도 덩달아 눈물이 그렁그렁했다.

"어머니, 아버지는 안 오시는 거예요?"

"어쩌면 좋니. 흑흑……."

월성에서 한참 떨어진 신라의 작은 마을에선 아침부터 곳곳에 울음소리가 터져 나왔다. 동네 사람들도 이웃의 딱한 사정에 함께 눈물을 흘렸다.

"저번에 전쟁 나갔던 남편이 죽었다지?"

"전쟁에서 이기면 뭐하누. 이렇게 죽어서 오면 남은 가족들은 어찌 되느냐 말이오."

"애고. 딱해서 어쩌나."

"개울 건넛집도 남편이 죽어서 왔다오. 전쟁에 우리 같은 백성들만 죽어 나는 거요."

"이제 뭘 먹고 사나. 남 일이 아니네그려."

백성들은 침통한 표정으로 탄식을 내뱉었다. 벌써 해를 거듭해 온 삼국 간의 크고 작은 전쟁은 도무지 끝날 기미가 보이지 않았고, 곧 백제군이 쳐들어올 것이라는 소문에 마을에는 더욱 흉흉한 기운이 감돌았다.

"또 전쟁이 날까요?"

"모르지. 먹을거리나 두둑이 챙겨 놔. 지난번 전쟁이 났을 때 먹을 것이 없어 굶었던 것 생각 안 나?"

"휴, 나는 요즘 불안해서 잠이 안 온다오."

백성들에게 닥친 현실은 갑갑하기만 했다.

"저기 저 월성에 계신 높은 분들은 우리 같은 백성들의 마음이야 손톱만큼도 모를 것이야."

"나라 땅덩어리 넓힐 생각만 가득하지."

하소연할 데도 없는 푸념들은 자꾸 늘어만 갔다.

백제군이 쳐들어올 것이라는 소문은 월성의 담을 넘어 궁 안에도 퍼져

월성
경상북도 경주시 인왕동에 있는 신라 시대의 도성.

나갔다. 대신들은 선덕 여왕에게 앞다퉈 의견을 올렸다.

"폐하, 이 기회에 백제를 치고 당나라로 가는 바닷길을 안전히 해야 하옵니다."

"우리 신라가 삼국 통일의 위업을 이루기 위해서는 하루빨리 백제를 정벌하고 고구려와 맞설 힘을 길러야 할 것이옵니다."

선덕 여왕은 대신들의 말에도 일리가 있다고 생각했다. 하지만 한 가지 마음속에 가시처럼 걸리는 것이 있었다.

"또다시 전쟁을 하는 것은 백성들에게 너무 큰 부담이 되지 않겠소?"

여왕의 말에 대신들이 다시 간청을 했다.

"폐하의 말씀이 틀리지 않습니다. 그러하오나 그것 때문에 나라의 중요한 일을 그르쳐서는 안 될 것입니다."

"그렇사옵니다. 마음을 굳게 먹으셔야 하옵니다."

대신들의 말이 선덕 여왕의 마음을 아프게 찔렀다. 전쟁으로 영토를 넓히는 것도 중요하지만 공주 시절부터 백성들의 눈물을 외면하지 않겠다고 다짐한 여왕이었다.

"이 문제는 더 생각해 보겠소. 아직 백제군이 쳐들어온 것도 아니니 일단은 대비를 단단히 하도록 하시오."

신하들은 먼저 전쟁을 서두르지 않는 선덕 여왕이 지나치게 두려움이 많다고 생각했다. 그러나 사실 여왕이 전쟁을 시작하지 않는 것은 전쟁보다 더 중요한 것이 있다고 여겼기 때문이었다. 그날 저녁 선덕 여왕은 김춘추를 조용히 불렀다.

"그대도 전쟁을 해야 한다고 생각하느냐?"

"폐하, 모든 일에는 때가 있습니다. 때를 놓쳐서는 후회를 하고 맙니다. 우리 신라가 부강해지기 위해서는 전쟁을 안 할 수 없지 않겠습니까."

"어릴 적 부친과 함께 지방을 돌아본 적이 있지 않느냐?"

"예?"

김춘추는 여왕의 갑작스런 물음에 어리둥절했다.

"예, 폐하. 백성들의 생활을 돌아보고 많은 것을 배웠습니다."

고개를 끄덕인 선덕 여왕이 다시 물었다.

"그때 우리 신라의 백성들이 어떻게 살고 있더냐?"

그제야 김춘추는 선덕 여왕의 뜻을 알아차렸다.

"오랜 전쟁에 고통받는 백성들을 생각하시는 것이옵니까?"

선덕 여왕은 깊은 한숨을 내쉬었다.

"나도 전쟁이 피할 수 없는 것이라는 건 잘 안다. 그렇지만 지금 신라의 백성들은 계속된 전쟁으로 힘든 삶을 살고 있지 않느냐. 지난번에도 마을에 고아와 홀아비, 홀어미들이 늘어나고 있다는 보고를 받았다. 그들을 외면하고 전쟁을 하는 것이 과연 신라를 부강하게 만드는 것인가 싶구나."

김춘추는 선덕 여왕의 말에 고개를 숙였다. 누구보다 여왕의 뜻을 잘 이해하였기에 그 아픈 마음을 짐작할 수 있었다.

"그러하면 어떤 생각을 하고 계시옵니까?"

"지금 내가 해야 할 일은 전쟁을 준비하는 것이 아니라 그들을 구제하는 것이다. 배고프고 굶주린 자들에게 곡식을 나누어 주고 조금이라도 살기 좋게 도와주는 것 말이다."

얼마 뒤, 신라 전역의 마을에는 **구휼**이 시작되었다. 곡식을 얻기 위해 길게 줄을 선 백성들은 놀라움과 기쁨을 감추지 못했다.

"진짜 나라에서 쌀을 주는 거야?"

"그렇다네. 폐하께서 친히 곡식을 나누어 주라고 했다는구먼."

"다치고 병든 사람들에게는 더 많이 준다네."

"아니, 흉년이 든 것도 아닌데 이렇게 우리를 생각해 주시다니……."

"폐하께서 덕이 높으시다더니 참말이네."

백성들은 진심으로 선덕 여왕을 칭송했다.

때때로 선덕 여왕은 백성들의 생활을 살펴보기 위해 궁을 나와서 직접 백성들을 만나기도 했다. 나라를 부강하게 만드는 것은 영토를 넓히는 것만이 아니었다. 선덕 여왕은 백성들이 살기 좋은 나라가 진정으로 굳건한 나라라고 믿었다.

여왕이 가는 곳은 어디나 백성들이 모여들었다.

"폐하, 저희를 굽어살펴 주소서!"

"자비를 베풀어 주십시오!"

선덕 여왕은 늘 백성들의 말에 귀 기울이고 그들의 어려움을 살피고자 하였다. 갑자기 백성들이 여왕 주변으로 몰려들자 호위 무사들이 여왕에게 아뢰었다.

"폐하, 미천한 자들이옵니다. 어서 물리십시오."

무사들의 호위에도 백성들이 여왕 앞에서 여전히 어려운 처지를 호소하자 여왕의 신변을 걱정한 무사들이 백성들의 앞을 가로막았다.

"감히 누구 앞이라고 함부로 목소리를 높이는 것이냐!"

"모두 저쪽으로 물러가거라!"

그러나 선덕 여왕은 무사들을 타일렀다.

"괜찮소. 어려움을 호소하고자 찾아온 자들을 쫓아내는 것은 안 되는 일이오. 나는 저들을 만나러 온 것이오."

선덕 여왕은 가난한 백성들과의 만남에도 개의치 않고 그들의 마음을 어루만져 주었다.

"폐하께서 보살펴 주시니 참으로 감사할 뿐입니다."

여왕의 앞에 선 늙은 노인은 앳된 손자의 손을 붙잡고 눈물을 떨구었다. 선덕 여왕은 백성들을 위로하며 그들을 위한 정치를 하겠다는 다짐을 다시 한번 마음에 새겼다.

"폐하, 백성들을 위하는 것은 좋으나 어디서 그 **국고**를 메꿀 수 있단 말입니까?"

"무조건 백성들에게 다 나누어 주다가는 나라가 위태로워질 것입니다."

구휼
국가적 차원에서 재난을 당한 사람들이나 가난한 사람들을 도와주는 일.

국고
나라의 재산.

몇몇 신하들은 선덕 여왕의 정책에 반대하는 목소리를 높였다. 그러나 선덕 여왕은 그런 신하들을 다그치며 말했다.

"국고를 걱정한다면 나라의 수입을 늘릴 방도를 생각해야지, 백성들에게 지원하는 것을 끊자는 것이 말이 되는가? 현재 사찰이 있는 곳마다 장이 서고 사람이 모인다 하니 장마다 관리를 파견하여 국가에서 관리하게 할 것이오. 그곳에서 얻은 수입을 다시 백성들을 위해 쓰고자 하는 것이니 대신들은 더 이상 말하지 말라."

선덕 여왕은 이후에도 각 지역에 사신을 파견하여 늘 백성들의 생활을 살피도록 하였다. 사신은 백성들이 겪는 어려움을 보고하였고 그때마다 선덕 여왕은 그에 맞는 조치를 내려 주었다. 그간 새로운 왕이 막 즉위했거나 나라에 큰 흉년이 들었을 때 백성들을 구휼한 적은 있었지만, 평상시에 백성들의 삶을 살핀 적은 거의 없었다.

"이번에 세금을 안 내도 되어 한시름 돌렸네. 당장 먹을거리도 없었는데 말이야."

"일자리 없는 자들을 위해서는 이번에 사람을 모집한다는구먼."

"폐하께서 우리를 생각해 주시는 마음이 참으로 너그럽고 깊네."

보이지 않지만 선덕 여왕의 따뜻한 마음은 백성들에게 전해졌다. 여왕의 도움으로 위로를 받고 굶주림을 면하게 된 백성들은 감동하며 월성을 향해 저마다 감사의 인사를 올렸다.

7장
세상에 당당히 맞설 용기

선덕 여왕에 대한 책봉을 차일피일 미루던 당나라는 선덕 여왕이 즉위하고 4년이 지나서야 사신을 통해 책봉 문서를 보내왔다.

"폐하, 당나라에서 사신이 도착했습니다."

"기다리고 있었소. 들라 하시오."

당나라 사신은 양쪽으로 갈라선 대신들 사이로 선덕 여왕을 향해 느릿느릿 걸어 들어왔다.

"에헴."

사신은 전혀 예의를 갖추지 않은 채 한껏 거드름을 피웠다.

'아…… 아니, 저런……'

'저런 태도는 대체 무엇이란 말인가.'

신라의 대신들은 당나라 사신의 태도에 몹시 심기가 불편했지만 티를 낼 수 없어 꾹 참고 있었다. 마침내 사신이 선덕 여왕 앞에 서서 책봉 문서를 전달했다.

　　"당나라 황제께서 신라 왕에 봉한다는 문서를 보내셨습니다. 신라의 왕은 황제의 높으신 은혜에 감사해야 할 것이오."

　　사신의 태도는 점점 더 오만해졌다. 그러나 상대가 당나라를 대표한 사신인 만큼 아무도 함부로 나서지 못하고 있었다. 선덕 여왕은 사신을 지긋이 바라보며 말하였다.

　　"당나라 황제께 감사의 인사를 전하도록 하시오. 우리 신라가 당나라와 이토록 우호적인 관계에 있으니 어찌 기쁘지 않겠습니까."

　　선덕 여왕의 말에 수염을 매만지던 사신이 발끈하였다.

　　"신라와 당나라는 동맹국이 아니라, 신라가 당나라의 보호를 받는 것이오. 매년 조공을 보내 당나라를 섬기고 있지 않소. 앞으로 더욱 예를 다해야 할 것이오."

　　사신의 말에 선덕 여왕은 입술을 깨물었다. 신라가 작은 나라임에는 분명하지만 당나라의 **속국**은 아니었다. 함부로 당나라와 싸움을 벌일 처지는 아니었지만 그렇다고 앞으로 당나라의 모든 요구에 끌려갈 마음도 없었다.

속국
법적으로는 독립국이지만, 실제로는 다른 나라에 지배되고 있는 나라.

"사신의 말이 옳구려. 그러나 우리 신라와의 관계가 나빠진다면 당나라로서도 고구려를 견제하기 어려울 것이오. 현재 고구려는 백제와도 힘을 합하려 하고 있지 않소."

선덕 여왕은 삼국의 관계에서 당나라가 결코 자유롭지는 못하다는 것을 지적했다.

"그, 그렇긴 하지만······."

사신은 떨떠름한 표정을 지었지만 더 이상 대꾸하지 않았다. 선덕 여왕의 말이 틀리지 않았기 때문이다.

실제 삼국의 관계는 혼란의 소용돌이에 빠져 있었다. 고구려, 백제, 신라는 모두 삼국의 **패권**을 쥐기 위해 기회를 노리며 전쟁을 준비하고 있는 터였다. 신라는 가장 늦게 세워진 나라인 만큼 백제와 고구려에 비해 빠르게 성장하지는 못했지만 선대왕부터 탄탄하게 기반을 세워 나간 덕분에 한강 유역을 차지하며 새로운 강대국으로 부상하고 있었다.

"신라는 다른 나라의 침략에 당당히 맞설 것이오. 비록 지금 고구려와 백제가 우리를 호시탐탐 노리고 있고, 당나라 또한 그다지 협조적이진 않지만 이럴 때일수록 침착하게 대처해야 하오."

선덕 여왕은 당나라 사신이 돌아간 뒤 대신들과 깊은 이야기를 나누었다. 지금은 신라가 가진 장점을 최대한 이용해야 할 시기였다. 그 장점은 뛰어난 정보력과 용맹한 화랑이었다.

얼마 후, 대장군 알천이 선덕 여왕에게 은밀한 보고를 올렸다.

"폐하, 백제군이 우리의 독산성을 공격하려 한다는 첩보이옵니다."

"백제군이? 확실한 것이오?"

"믿을 만한 정보이옵니다."

선덕 여왕은 걱정에 휩싸였다.

"지금껏 백제의 침입으로 우리 신라가 큰 피해를 많이 입었는데 또 이런 일이 생기다니……."

"더 이상 당할 수는 없사옵니다. 결단을 내려 주십시오, 폐하."

고민하던 선덕 여왕은 알천 장군에게 명령을 내렸다.

"그대의 말처럼 우리의 군사력도 만만치 않다는 것을 보여야겠소. 그들은 우리가 정보를 알고 있다는 것을 모를 테니 군사들을 이끌고 길목을 지키도록 하시오."

"예, 폐하. 독산성으로 향하는 길목인 옥문곡은 지형이 험하여 숨기에 좋은 곳이옵니다. 그곳에서 백제군을 기습하여 소탕하겠나이다."

선덕 여왕의 명령을 받은 알천 장군은 신라군을 이끌고 옥문곡으로 향했다. 신라군은 발소리를 죽인 채 조심스럽게 백제군이 있을 만한 곳에 숨어들었다.

"쉿! 소리를 내지 말고 적군에게 들키지 않게 몸을 낮춰라!"

패권
어떤 분야에서 우두머리나 으뜸의 자리를 차지하여 누리는 힘.

과연 그곳에는 독산성으로 향하는 백제의 군사가 안장을 풀고 있었다. 백제군은 매우 지쳤는지 피곤한 몸으로 쉴 준비를 하고 있었다. 조용히 접근하던 신라군은 때를 노려 공격의 기회를 엿보았다.

"지금이다! 공격하라!"

"백제군의 무리를 남김없이 무찔러라!"

"우아아아아!"

갑작스럽게 신라군의 함성이 골짜기에 울려 퍼지자 백제군은 몹시 놀라 허둥지둥하였다.

"무슨 일이지?"

"으악, 신라군이다!"

"어서 전열을 정비하라!"

그러나 허를 찔린 백제군은 제대로 힘을 쓰지 못하고 맥없이 무너졌다. 실로 오랜만에 거둔 신라의 승리였다. 신라로서는 적들의 침입에 늘 대비하고 있으며, 맞서 싸워 승리할 수 있다는 사실을 다른 국가에게 널리 알린 셈이었다.

이후에도 삼국은 끊임없이 영토 싸움을 벌였다. 다른 나라들의 침략 시도도 끊이지 않았다. 백제에 이어 이번에는 고구려가 빼앗긴 칠중성을 되찾기 위해 신라를 공격해 온다는 소식이 날아들었다.

"요즘 해괴한 일들이 많이 일어나더니 결국 고구려가 쳐들어왔다네!"

"나라가 망할 징조 아니야?"

고구려군의 위세가 얼마나 대단했던지 놀란 신라의 백성들은 뿔뿔이 흩

어져 산골짜기까지 숨어들었다.

"폐하, 백성들이 몹시 동요하고 있다 하옵니다."

"군사들도 두려움에 떨고 있습니다. 어찌하면 좋겠사옵니까?"

선덕 여왕과 대신들은 위기를 느꼈다. 신라에게 이번 전쟁은 매우 중요했다. 앞으로 고구려와의 외교에서 자신감을 가지려면 어떻게든 이번 전쟁에서 신라의 힘을 보여 주고 승리할 필요가 있었다.

선덕 여왕은 고구려와의 전쟁에 출정할 장군과 군사들 앞에 직접 섰다. 전쟁에서 가장 중요한 것은 맞서 싸울 수 있다는 용기를 가지는 것이었기 때문이다.

"신라의 용맹한 군사들이여! 두려워할 것 없다!"

선덕 여왕의 목소리가 하늘 높이 울렸다.

"칠중성은 우리의 땅이다. 우리가 성을 차지하고 죽을 힘을 다해 막아 낸다면 불리한 것은 고구려이다. 다시 그들이 함부로 우리의 영토를 넘보지 못하도록 하라!"

여왕의 한 마디 한 마디는 대열한 군사들의 마음을 흔들었다.

"나와 신라의 백성들이 마음으로 함께할 것이다!"

선덕 여왕이 주먹 쥔 손을 들며 외치자 군사들은 무기를 치켜들고 함성으로 대답했다.

"우아아아아!"

신라군의 사기는 하늘을 찌를 듯 높았다. 그 기세 때문이었는지 신라는 고구려군을 맞아 용맹하게 싸웠다.

"물러서지 마라! 전진하라!"

"승리는 우리의 것이다!"

신라군은 죽기를 각오하고 칠중성을 지켜 냈다. 신라군의 함성이 커질수록 고구려군은 점점 지쳐 갔다.

"장군, 신라의 기세가 만만치 않습니다."

"부상자가 늘어나고 있습니다."

결국 다치고 죽는 군사들이 늘어나자 고구려는 물러나고 말았다.

"으악!"

"철수하라! 말 머리를 돌려라!"

서서히 고구려군이 물러나자 전쟁터에는 고요히 먼지바람만 휘날렸다. 멀어져 가는 고구려군을 보며 신라의 군사들은 승리의 함성을 질렀다.

"고구려가 물러간다!"

"우아아아아!"

칠중성 전투의 승리로 이제 신라는 함부로 무시하거나 넘볼 수 없는 나라가 되었다. 선덕 여왕의 용기와 당당함이 군사들의 마음을 움직이고 힘을 불어넣어 준 덕분이었다.

8장
위기는 곧 기회다

초겨울 서라벌의 하늘은 추적추적 내리는 비로 짙은 먹구름에 뒤덮였다. 궁 안뜰에 나와 선 선덕 여왕은 기둥에 기대선 채 가만히 손을 뻗었다.

툭 툭 툭.

차가운 빗방울이 손등을 때렸다.

'저 하늘이 마치 내 마음과 같구나.'

빗줄기를 바라보는 여왕의 얼굴은 어느 때보다 걱정이 가득했다.

"고구려로 간 김춘추에게서는 아직 소식이 없느냐?"

"예, 폐하. 조금만 더 기다려 보시옵소서."

선덕 여왕은 마음이 조급해져 갔다. 나라의 운명을 가를 시간은 자꾸만 흘러가고 있었다.

지난여름, 몇 해간 평화로운 시대가 이어지던 신라에 나라 전체를 뒤흔든 엄청난 **비보**가 전해졌다.

"폐하! 큰일이옵니다. 백제군의 공격에 대야성이 함락됐다 하옵니다."

군졸이 전해 온 소식에 선덕 여왕은 자리에서 벌떡 일어섰다.

"뭐라? 백제군이?"

대야성은 낙동강 서쪽 지역의 백제와 맞서고 있는 군사적 요충지였다. 따라서 백제에게 이곳을 빼앗겼다는 것은 언제든 서라벌도 위험에 처할 수 있다는 의미였다. 대신들과 선덕 여왕은 깊은 걱정에 빠졌다.

"이를 어쩌면 좋겠소?"

여왕의 물음에도 적막이 흐를 뿐이었다. 누구도 뾰족한 수를 생각해 내지 못하고 있었다. 그때 김춘추가 적막을 깨고 나섰다.

"폐하, 제가 고구려에 가서 도움을 요청해 보겠사옵니다. 저를 보내 주십시오."

"경이 가겠단 말이오? 고구려에 가는 것은 위험한 일일 수 있소."

선덕 여왕은 김춘추가 걱정되었다. 심지어 김춘추는 이번 대야성 전투에서 딸과 사위를 잃고 깊은 슬픔에 빠져 있던 터였다.

"신라를 위해 제가 못할 일이 무엇이겠습니까."

비보
슬픈 소식.

김춘추의 목소리에는 굳은 의지가 묻어 있었다. 고민하던 선덕 여왕은 어쩔 수 없이 고구려에 도움을 요청하기 위해 김춘추를 사신으로 보냈다.

그러나 김춘추가 떠난 지 꽤 시간이 흘렀지만 아무런 소식이 없었다. 골똘히 생각에 잠겨 있던 선덕 여왕에게 늦은 저녁의 고요함을 깨는 전갈이 전해졌다.

"폐하, 춘추 공으로부터 온 서신이옵니다."

떨리는 손으로 서신을 받아 든 선덕 여왕은 이내 실망을 감출 수 없었다. 당시 고구려의 정권을 잡고 있던 연개소문은 신라의 요구를 거절했을 뿐만 아니라 예전에 신라가 빼앗은 고구려 땅을 돌려 달라고 요구하였다. 김춘추가 이 일은 자신의 권한이 아니라고 하자, 김춘추를 옥에 가두어 버리기까지 하였다. 혹시나 하는 기대가 여지없이 무너져 버렸다.

'일단은 춘추를 구하고 후일을 생각해야겠구나.'

선덕 여왕은 급히 김유신을 불러 김춘추를 구할 것을 명령했다. 결국 김유신이 이끄는 신라군이 나서고 나서야 고구려는 못 이기는 척 김춘추를 돌려보내 주었다.

임무에 실패한 김춘추는 무거운 마음을 안고 여왕 앞에 고개를 숙였다.

"폐하, 송구하옵니다. 하나 고구려는 우리를 도와줄 마음이 전혀 없었사옵니다."

"어쩔 수 없지 않소. 비록 일이 이렇게 되었지만 고구려도 우리의 입장을 알았으니 쉽게 백제와 손을 잡지는 않을 것이오."

선덕 여왕은 애써 괜찮은 듯 미소를 지었다.

그러나 설마 하던 우려는 현실이 되었다. 고구려와 백제의 연합군이 신라의 당항성을 빼앗기 위해 진격할 것이라는 소식이 전해진 것이다.

그 어느 때보다 어둡고 무거운 공기가 궁궐 안을 짓눌렀다.

"우리의 힘만으로 백제와 고구려의 연합군을 당해 낼 수는 없사옵니다."

"당나라에 도움을 요청하소서!"

이번엔 선덕 여왕도 신하들의 뜻을 꺾을 수 없었다. 신라는 서둘러 당나라에 군사를 요청하는 사신을 보냈다.

"당나라와 우리가 연합한다면 어떤 공격에도 충분히 맞설 수 있을 것입니다."

"그간 우리가 당나라를 대국으로 모시지 않았습니까. 좋은 소식이 있을 것이옵니다."

신라는 간절한 마음으로 사신이 좋은 소식을 가지고 오기를 기다렸다. 그러나 얼마 후 전해진 결과는 지난번 고구려와의 협상 실패보다도 더 참담했다.

당나라의 황제는 신라의 어려움을 비꼬았고 심지어 선덕 여왕 대신 당나라 황제의 친족을 신라의 왕으로 삼는 것이 어떻겠냐는 말을 전해 온 것이다. 선덕 여왕은 위기가 왔음을 느꼈다. 이제 신라는 누구의 도움도 받지 못하는 처지가 되었다.

'신라의 운명이 바람 앞의 등불과 같구나.'

선덕 여왕은 매일같이 고민을 거듭했다. 무언가 이 상황을 바꿀 수 있는 결단이 필요했다. 여왕은 가만히 눈을 감고 공주 시절부터 지금까지 어려움을 극복해 왔던 일을 떠올렸다. 막다른 길에 몰렸을 때 비로소 새로운 돌파구가 떠오르기도 하는 법이었다. 선덕 여왕은 김유신을 불렀다.

마주 앉은 선덕 여왕과 김유신 사이에 긴장이 흘렀다.

"지금 신라는 매우 큰 위기에 처해 있소. 나는 장군이야말로 이 어려움을 극복해 나갈 사람이라고 믿소."

선덕 여왕의 말에 김유신의 짙은 눈썹이 꿈틀거렸다.

"무엇이든 말씀하십시오. 목숨을 바쳐 이뤄 내겠습니다."

선덕 여왕이 낮은 목소리로 말을 이었다.

"백제를 공격하는 것이 어떠한가?"

예상치 못한 여왕의 말에 김유신이 멈칫했다.

"선제공격을 하자는 것이옵니까? 하지만 이 상황에선 무모한 일이 아니겠습니까?"

"바로 그것이오. 그들도 장군처럼 생각할 것이오. 당나라에게까지 군사를 요청했다 실패한 우리가 설마 먼저 공격해 올 것이라 짐작이나 하겠소? 가장 위태롭다고 생각할 때가 어찌 보면 가장 좋은 기회일 수 있소."

잠시 침묵하던 김유신은 여왕의 말에 고개를 끄덕이며 화답했다.

"백제군이라면 필사의 각오로 싸울 만합니다. 폐하의 뜻을 잘 알겠습니다. 출정하겠습니다."

선덕 여왕의 명을 받아 김유신이 이끄는 신라군은 비장한 각오를 다지며 백제로 출발했다. 마침내 백제의 성 근처에 도착한 신라군은 전투태세를 정비하였다.

"공격하라!"

신호에 맞추어 신라군이 총공격을 시작했다. 신라의 공격을 예상하지 못한 백제는 당황했다. 백제는 고구려와 연합하여 신라를 공격할 계획이었지만 신라가 당나라에 사신을 보냈다는 소식에 잠시 주춤하고 있던 터였다.

"신라군이다! 진열을 갖춰라!"

"물러서지 마라!"

백제군은 신라에 맞서 방어 태세를 갖추었지만 신라군의 기세는 쉽사리 꺾이지 않았다.

"공격을 멈추지 마라! 그대로 진격하라!"

치열한 전투는 한참 계속되었다. 그리고 점차 신라군이 우세해져 갔다. 마침내 신라군은 백제의 성을 점령하기에 이르렀다.

"성문이 열렸다! 와아아아!"

신라군의 함성이 하늘을 찌를 듯이 높이 울렸다. 김유신은 세찬 함성을 질러 대는 군사들을 바라보았다. 신라군의 깃발이 세찬 바람을 타고 자랑스럽게 펄럭이고 있었다.

'폐하, 폐하의 뜻이 옳았습니다.'

김유신은 어려운 상황을 돌파하는 선덕 여왕의 기지에 다시 감탄했다.

위기는 바라보는 관점에 따라 낭떠러지가 될 수도 있고, 다시 뛰어오를 지지대가 될 수도 있었다. 신라는 위기라는 지지대를 발판 삼아 뛰어올라, 결국 백제에게 빼앗겼던 성을 다시 되찾고 다른 나라들의 위협에서 벗어날 수 있었다. 가뭄의 단비만큼이나 소중한 승리였다.

9장
백성의 마음을 하나로 모으다

쉴 새 없이 이어지는 전쟁은 점점 신라 백성들의 삶을 힘들게 만들었다.
"이놈의 전쟁은 언제까지 계속될는지……."
"쯧쯧. 마을이 쑥대밭이 됐구먼."
마을에는 거리마다 먹을 것이 없어 굶는 사람, 부상으로 아파하는 사람들로 가득했다. 전쟁이 휩쓸고 간 국경 마을은 시커먼 재로 변해 검은 연기만이 피어올랐고, 백성들의 고통은 나날이 커져 가고 있었다.
백성들의 신음은 월성의 담을 넘어 신라 조정에까지 전해졌다.
"폐하, 백제군이 국경 지대에 침범하여 신라의 많은 백성들이 적에게 항복했다 하옵니다."
"뭐라? 백제가?"

"예. 잦은 전쟁에 백성들이 동요하고 있사옵니다."

선덕 여왕은 고민에 빠졌다. 전쟁에서 이기기 위해 무기를 개발하고 군사를 훈련시키는 것도 필요하지만 백성들의 삶을 안정시키는 것은 그보다 더 중요한 일이었다.

'지금은 무엇보다 백성들의 마음을 안정시켜야 할 때다. 어찌하면 좋을까?'

순간 선덕 여왕의 머리를 스치는 인물이 있었다. 여왕은 대신들을 향해 말했다.

"당나라에 있는 자장을 불러와야겠소."

"자장 대사를 말이옵니까?"

"그렇소. 지금과 같은 시기에는 그가 큰 도움이 될 것이오."

자장은 신라의 진골 귀족 출신이었지만 높은 지위를 마다하고 불교에 귀의한 사람이었다. 불심이 깊고 슬기로운 승려였던 자장은 선대왕의 부름을 거절하고 당나라로 떠난 터였다. 자장은 당나라에서 수행을 하며 당나라 황제의 예우를 받을 정도로 이름이 드높았다.

"자장 대사가 신라로 돌아오겠습니까?"

"그도 신라의 사람이오. 자신의 나라가 어려움에 처해 있는데 못 본 척하지는 않을 것이오. 당나라 황제에게 자장을 불러올 수 있도록 서신을 보내도록 하시오."

선덕 여왕의 서신이 전해지고 얼마 후 자장 대사가 신라로 귀국한다는 소식이 신라 전역에 퍼졌다.

"자네, 들었는가? 위대한 스님이 돌아오신다네."

"이제 우리나라를 부처님께서 더욱 보살펴 주실 모양이야."

많은 백성들이 자장 대사가 돌아온다는 소식에 한 줄기 희망을 느꼈다.

자장 대사의 귀국 날, 귀국 행렬을 보기 위해 모인 백성들로 항구는 발 디딜 틈 없이 가득 찼다. 저 멀리 자장 대사가 탄 배가 모습을 드러내자 여기저기서 탄성이 터져 나왔다. 마침내 신라에 도착한 자장 대사는 오랜만에 찾은 고국의 산천을 눈에 담았다. 자신을 보기 위해 모여든 백성들을 보니 무심히 지나간 세월이 느껴졌다.

'신라의 백성들이 많이 지쳐 마음이 약해져 있구나.'

자신을 부른 선덕 여왕의 뜻을 알 것도 같았다.

서라벌에 도착한 자장은 오랜만에 선덕 여왕과 마주 앉아 반가운 인사를 주고받았다.

"폐하, 소승이 너무 늦었습니다. 그간 평안하셨습니까?"

"이렇게 다시 보게 되어 참으로 반갑습니다."

선덕 여왕은 진심을 담아 자장을 환영했다.

"사실은 대사와 의논하고 싶은 일이 있습니다."

선덕 여왕이 조심스럽게 말을 꺼내자 자장은 미소를 띠며 고개를 끄덕였다.

"희망을 잃은 백성들을 부처님의 힘으로 일으켜 세우고자 하십니까."

자장의 말에 선덕 여왕이 놀란 듯 눈을 크게 떴다.

"역시 그대는 마음을 꿰뚫어 보시는구려. 맞습니다. 지금 신라의 백성들은 두려움에 빠져 희망마저 잃었습니다. 이대로는 신라의 뿌리가 흔들릴까 염려됩니다."

자장은 선덕 여왕의 깊은 근심을 느낄 수 있었다.

"폐하, 그렇다면 소승이 한 가지 청을 올리겠습니다. 신라인의 마음을 한곳에 모아 황룡사에 9층탑을 세우십시오. 큰 탑을 세워 백성들의 불안을 가라앉히고 다른 나라에는 우리의 위용을 알리는 것이 어떻겠습니까?"

"탑이라……. 그런데 그만 한 탑을 세울 기술이 있겠소?"

"백제에 아비지라는 유명한 장인이 있습니다. 예술이란 것은 본래 국경이 없는 것이니 그를 초청하여 도움을 받을 수 있을 것입니다."

탑을 세우는 것은 엄청난 재물과 인력이 필요한 일이었다. 그러나 선덕 여왕은 신라가 건재함을 알리고 백성들에게 희망을 심어 줄 상징적인 존재가 필요하다고 생각했다.

"알겠소. 그대의 제안을 받아들여 공사를 시작하도록 하겠소."

선덕 여왕의 명이 떨어지자 탑을 세우기 위한 기초 공사가 시작되었다. 백제의 아비지를 비롯한 수백의 장인들이 모여들어 정성껏 탑의 층을 올려 나갔다.

탑의 공사가 진행되는 동안 자장은 백성들에게 부처님의 말씀을 강연하고 그들의 아픈 마음을 어루만져 주었다. 의지할 곳이 없었던 백성들은 부처님의 말씀에 기대어 다시 일어설 힘을 갖게 되었다.

"지금은 우리 신라가 힘들지만 부처님께서 살펴 주시니 걱정할 것이 없겠네."

"신라의 왕께서는 부처님의 종족이라지 않나. 얼마나 대단한가!"

백성들의 마음속에는 조금씩 자부심이 쌓여 갔다. 선덕 여왕은 자장을 **대국통**에 임명하여 그에게 더욱 힘을 실어 주었다.

'신라의 백성들에게 부처님의 보살핌을 받고 있다는 믿음을 주소서!'

선덕 여왕의 간절한 바람 덕분인지 탑의 공사도 빠르게 진행되었다. 마침내 황룡사 9층탑이 그 위용을 드러냈다.

"폐하, 황룡사의 탑이 완성되었다고 합니다. 부처님께 인사를 드리러 가시지요."

선덕 여왕은 대신들과 함께 황룡사 탑을 보기 위해 채비를 서둘렀다. 여왕의 행렬은 황룡사 중문을 지나 금당 앞에 있는 탑에 도착했다. 실제로 본 탑의 위용은 대단하였다. 높이가 어찌나 높은지 아래에서 바라보면 고개가 아플 정도였다. 자장을 비롯한 많은 승려들과 탑의 공사를 책임진 장인들이 나와 여왕을 맞이했다.

"오셨습니까, 폐하."

"참으로 수고가 많았소. 웅장한 탑을 보니 나도 저절로 고개가 숙여지는구려."

선덕 여왕의 말에 자장이 합장을 하며 대답을 올렸다.

대국통
신라 시대 승려의 직책으로 전국의 불교 지도를 맡았다.

"폐하와 부처님의 은덕 덕분이옵니다."

"탑이 참으로 높구려."

선덕 여왕과 승려들은 함께 탑을 올려다보았다.

"폐하, 탑이 9층인 데에는 의미가 있습니다. 1층은 일본, 2층은 중화, 3층은 오월, 4층은 탁라, 5층은 응유, 6층은 말갈, 7층은 거란, 8층은 여진, 9층은 예맥을 뜻하옵니다. 우리 신라가 이 나라들을 제압할 것이라는 의미를 담고 있사옵니다."

선덕 여왕은 자장의 설명을 들으며 고개를 끄덕였다.

'이 탑에 담긴 의미처럼 신라가 강해질 수 있다면…….'

물론 선덕 여왕은 탑을 세운다고 해서 그 모든 일이 실제로 이루어지는 것이 아니라는 것을 잘 알고 있었다. 그러나 이 탑에 깃든 신라의 희망이 백성들의 마음에도 전달될 수 있기를 바랐다.

황룡사 밖에 모여든 백성들에게도 탑은 그 모습을 드러내기에 충분했다. 웅장하게 솟은 황룡사 9층탑은 100리 밖에서도 보일 정도였다. 백성들은 멀리서 바라본 탑의 모습에 모두 감탄하였다.

"저게 탑이란 말인가? 정말 크고 대단하구먼!"

"우리 신라에 저런 큰 탑이 생기다니 부처님의 보호를 받는 것 같아 든든한 마음이 드네."

"왜 아닌가. 같이 부처님께 기원을 올리세."

"우리 신라가 더 살기 좋은 나라가 되게 해 주십시오!"

백성들은 탑을 바라볼 때마다 합장을 하며 저마다의 소원을 빌었다. 평안한 나라를 위한 모두의 바람이 한곳에 모이게 된 것이다.

그렇게 선덕 여왕의 간절한 마음이 세운 황룡사 9층탑은 백성들의 희망이 되었다. 그리고 그 마음은 하나로 모여 신라의 어려움을 극복해 나갈 큰 힘이 되었다.

신라의 불교 문화재

신라의 법흥왕은 백성들의 마음을 모으기 위해 신라에 새로운 종교인 불교를 받아들였다. 이후 신라는 국가의 신앙을 불교로 삼고, 불교를 통해 왕의 권한을 강화하고 나라를 보존하고 보호하고자 하였다.

경주 황룡사지(사적 제6호)

553년(진흥왕 14)에 경주 월성의 동쪽에 궁을 짓다가 황룡이 나타났다는 말에 절로 고쳐 지은 곳이다. 국가의 사업으로 만들어진 큰 절이었지만 고려 시대에 몽골의 침입으로 모두 불타 없어져 지금은 그 터만 남아 있다. 선덕 여왕 때 세워진 황룡사 9층 목탑 역시 기록만 남아 있을 뿐이다.

황룡사지

경주 불국사(사적 제502호)

751년(경덕왕 10)에 신라의 재상이었던 김대성이 짓기 시작해서 774년(혜공왕 10)에 완성된 절로 통일 신라를 대표하는 절이다. 불국사는 '부처님의 나라'라는 뜻을 가진 절로, 불교의 이상적인 세계를 표현했다고 한다.

불국사에 있는 탑인 다보탑과 석가탑은 국보로 지정되어 있다. 다보탑은 국보 제20호로 우리나라의 일반적인 석탑 모양과는 다른 특이한 형태를 하고 있다. 맞은편에 있는 석가탑은 국보 제21호로 원래의 이름은 불국사 3층 석탑이다. 그림자가 생기지 않는다는 뜻으로 무영탑이라는 이름으로 불리기도 한다. 석가탑 안에서는 〈무구 정광 대다라니경〉이라는 불교 경전이 발견되었는데 이는 세계에서 가장 오래된 목판 인쇄물이다. 이외에도 불국사 내에는 청운교와 백운교 등 국보로 지정된 문화재가 많다. 불국사는 유네스코 세계 문화유산으로 등재되어 세계에서도 예술성과 가치를 인정받고 있다.

불국사 　　　　다보탑 　　　　석가탑

석굴암(국보 제24호)

경주 토함산 중턱에 세워진 석굴 사찰이다. 석굴암 역시 김대성이 세웠는데, 《삼국유사》에 따르면 경덕왕 때 김대성이 현세의 부모를 위하여 불국사를 세우고, 전생의 부모를 위해서는 석굴암을 세웠다고 한다.

석굴암은 300여 개의 화강암을 다듬어 짜 맞추어 만든 인공 석굴로, 신라의 높은 토목 기술을 보여 준다. 석굴암의 중심에 있는 본존불은 신라 조각 미술의 정수를 보여 주는 뛰어난 작품이다.

석굴암 본존불

10장
영원히 나라를 지키는 신이 되리

　매서운 겨울바람이 날카롭게 옷깃을 파고드는 날이었다. 옷깃을 여미던 선덕 여왕은 갑작스레 어지럼증을 느끼고는 옆에 있던 후원의 기둥을 붙잡았다.
　"폐하, 괜찮으시옵니까?"
　곁에 있던 승만 공주가 선덕 여왕을 부축했다. 뒤따르던 김춘추도 걱정스러운 얼굴로 선덕 여왕의 안색을 살폈다.
　"괜찮다. 날씨가 추운 탓인지 숨이 가쁘구나."
　선덕 여왕은 요즘 부쩍 몸이 쇠약해져 가는 것을 느꼈다.
　'벌써 왕위에 오른 지도 15년이나 흘렀구나…….'
　선덕 여왕은 그동안 하루도 신라를 생각하지 않은 날이 없었다. 쉴 새 없이 달려온 탓인지 이제 여왕의 몸은 많이 지쳐 있었다. 그렇지만 떠나는 날까지 해야 할 일들이 많았다. 선덕 여왕의 머릿속에는 늘 신라의 미래가 그려져 있었다.

"춘추 공, 신라를 위해 그대의 지혜를 아낌없이 써 주시오. 고구려와 당나라가 서로를 견제하고 있으니 그 틈을 타 백제를 공격할 수도 있을 것이오. 또한 고구려와 당나라 사이에서 균형을 잘 잡아야 할 것이오. 우리는 그 어느 쪽의 속국도 아니오."

선덕 여왕은 김춘추를 바라보며 한 마디 한 마디 힘주어 말했다.

"예, 지당하신 말씀입니다. 하온데 어찌 어디 멀리 가실 분처럼 그리 말씀하십니까. 소신이 폐하의 곁에서 폐하를 잘 모실 것이옵니다."

김춘추의 말에 선덕 여왕이 가볍게 고개를 저었다.

"나는 나의 운명이 얼마 남지 않았다는 것을 잘 알고 있소."

"나약한 말씀 마시옵소서!"

김춘추와 승만 공주가 선덕 여왕의 말을 만류했지만 여왕은 계속 말을 이었다.

"승만아, 내가 죽거든 **도리천**에 묻어 주어라."

도리천
불교의 우주관에서 분류되는 천(天, 하늘)의 하나. 불교의 27천(天) 가운데 하나로, 수미산의 꼭대기에 있다고 한다.

"폐하, 명을 거두어 주십시오. 게다가 소녀는 잘 이해가 되지 않습니다. 도리천은 현실에 없는 곳이 아니옵니까?"

승만 공주가 안타까운 탄식을 내뱉었다.

"서라벌의 낭산이 바로 불교의 **수미산**이니라. 나를 낭산 기슭에 잠들게 해 다오. 그리고 너도 짐작하였겠지만 내 너에게 다음 왕위를 물려줄 것이다. 내 뜻을 받들도록 하여라."

"폐하……."

선덕 여왕의 사촌이었던 승만 공주는 당시 유일한 성골 후계자로, 여왕은 자신의 뒤를 이어 신라를 이끌 사람으로 승만 공주를 생각하고 있었다. 하지만 선덕 여왕에 이어 또다시 여왕이 왕위에 오른다는 것에 대해서 반대하는 세력도 많았다. 선덕 여왕은 자신이 왕위에 오를 때 겪었던 어려움이 떠올라 가슴이 먹먹해졌다.

그때, 선덕 여왕을 찾는 신하 한 명이 다급히 후원에 들어섰다.

"폐하! 큰일이옵니다!"

"무슨 일인가?"

"**상대등** 비담과 염종이 반란을 일으켰습니다! 군사를 일으켜 몰려오고 있다 하옵니다!"

"뭐라? 결국 비담이……."

선덕 여왕은 가슴의 통증이 더욱 심해지는 것을 느꼈다.

"김유신 장군을 부르거라. 어서!"

비담은 김유신, 김춘추와는 반대 세력에 있는 귀족이었다. 상대등이라는 높은 자리에 있었지만 선덕 여왕의 정치에 늘 반감을 품고 있었고, 여성이 나라를 다스리는 것에 불만이 많았다. 비담은 자신을 따르는 세력들을 모아 두고 큰 소리로 외쳤다.

"그동안 신라는 여왕이 다스렸기에 위엄이 없고 늘 위태로웠다. 그런데 또 새로운 여왕이 즉위하는 것을 두고 볼 수는 없다! 우리 손으로 궁을 차지하자!"

"옳소!"

비담이 주먹을 불끈 쥐자 비담을 따르는 무리들이 함성을 지르며 뜻을 함께하였다. 명활성에 진을 친 비담은 군대의 맨 앞에 섰다. 반란군의 기세는 맹렬하여 금방이라도 서라벌을 장악할 듯하였다.

선덕 여왕의 부름에 급히 궁에 달려온 김유신은 서둘러 월성을 방어할 전투태세를 갖추었다.

"폐하, 걱정 마시옵소서. 제가 기필코 저들을 막아 낼 것이옵니다."

김유신의 말에 선덕 여왕이 고개를 끄덕였다. 며칠 새 건강이 더욱 악화

수미산
불교의 우주관에서 말하는 세상의 중심에 있다는 상상의 산.

상대등
신라 때 나라의 정권을 맡았던 가장 높은 벼슬.

된 선덕 여왕은 힘겹게 말을 이었다.

"큰 별이 월성에 떨어졌다지. 반란군의 기세가 더 오르겠구려. 어찌하면 좋겠소?"

여왕의 걱정을 알아차린 듯 김유신은 목소리에 힘을 주어 대답했다.

"폐하, 별이 떨어진 것은 그리 두려워할 일이 아닙니다. 좋은 것과 나쁜 것은 사람이 하기에 달려 있는 것이옵니다. 폐하께서는 아무 걱정 마시옵소서."

김유신의 굳건한 대답에도 선덕 여왕은 나라에 대한 걱정을 거둘 수 없었다.

"김유신 장군. 장군은 늘 우리 신라를 지키는 수호신과 같았소. 그대가 있었기에 지금의 신라도 있었소. 앞으로도 신라의 굳건한 기둥이 되어 주시오."

"폐하, 폐하께서 소신을 믿어 주시고 지지해 주신 덕분이옵니다."

선덕 여왕은 승만 공주를 향해 말을 이었다.

"승만아, 신라는 강한 나라다. 비록 지금은 작다 하나 삼국 통일을 위한 힘을 조금씩 길러 왔다. 늘 미래를 생각하고 행동하여라. 춘추와 유신이 곁에서 너를 도와줄 것이다."

"폐하……."

"나는 신라를 한시도 잊어 본 적이 없다. 죽어서도 도리천의 수호신이 되어 신라를 지킬 것이니 염려 말거라……."

쥐어짜듯 말을 이어 가던 선덕 여왕의 숨소리가 거칠어졌다. 여왕의 손

을 붙들고 있던 승만 공주는 선덕 여왕의 손에서 힘이 빠져나가는 것을 느꼈다. 선덕 여왕은 마침내 영원한 잠에 빠져들었다.

"폐하! 어찌 이러시옵니까? 일어나시옵소서! 흑흑……."

공주는 여왕의 몸 위에 엎드려 흐느꼈다.

"폐하, 이대로 눈감으시면 아니 되옵니다."

"폐하!"

곁에 모여 선 대신들도 모두 눈물로 선덕 여왕의 마지막을 배웅했다. 여자로서는 처음으로 왕위에 올라 인자한 덕으로 백성들을 다스린 자애로운 왕이었다. 그리고 마지막 숨을 거두는 순간까지도 신라에 대한 걱정과 염려를 놓지 않던 왕이었다.

김유신은 이제 더 이상 지체할 수 없었다. 지금도 기세가 더욱 강해졌을 반란군을 막아야 했기 때문이다.

김유신은 사람을 시켜 허수아비를 만들게 했다.

"오늘 밤 허수아비에 불을 붙여 연에 띄워 올리거라. 그리고 떨어진 별이 다시 올라갔다는 소문을 퍼뜨리도록 해라."

김유신의 말대로 하자 반란군은 불안감에 휩싸였다.

"월성에 떨어진 별이 다시 올라갔다지?"

"별은 곧 여왕이니 우리가 패할 징조인가 걱정이네."

김유신이 이끄는 신라군은 월성을 철통같이 지키며 반란군의 침입을 조금도 허용하지 않았다. 며칠을 끌던 반란군의 기세는 조금씩 수그러들었고 김유신은 그 틈을 타 반란의 무리들을 모두 소탕하였다.

'폐하. 폐하의 뜻을 이어 삼국 통일의 대업을 반드시 이루겠나이다. 하늘에서 지켜봐 주시옵소서.'

선덕 여왕이 떠난 궁에서 김유신은 다시 한번 굳은 결심을 마음에 새겼다. 도리천에서 신라를 굽어보고 있을 선덕 여왕이 김유신의 어깨를 힘차게 두드려 주는 듯했다.

● 선덕 여왕에게
묻다
오늘날의 우리들이
알고 싶은 이야기

Q 공주의 신분으로 왕위에 오르셨는데, 어떤 기분이셨나요?

선덕 여왕: 여자가 왕위에 오르는 것은 당시 신라에서는 정말 힘든 길이었지요. 저는 대대로 왕위를 이었던 성골이었지만 여자였기 때문에 왕위에 오르는 것을 반대하는 귀족들이 많았어요. 하지만 단지 여자여서 안 된다고 하는 것은 잘못된 생각이에요. 왕이 되는 데 중요한 것은 여자냐 남자냐가 아니라 왕의 자질을 갖추었느냐 하는 것이기 때문이죠. 마침내 왕위에 올랐을 때에는 '드디어 해냈구나.' 하는 생각이 들었어요. 왕이 되기를 간절히 바랐고, 또 왕이 되기 위해 평소에 정치에 많은 관심을 가지고 공부를 하며 노력해 왔거든요. 여러 어려움을 극복하고 왕위에 오르던 날 정말 감격스러웠어요. 그리고 꿈꾸던 신라를 만들어 가겠다고 결심했지요.

Q 여왕님이 생각할 때 리더가 갖추어야 할 자질에는 무엇이 있을까요?

선덕 여왕: 리더는 다른 사람들을 이끄는 사람이에요. 하지만 그렇다고 해서 다른 사람들을 함부로 자신의 생각대로만 끌고 가서는 안 돼요. 그렇게 되면 신뢰를 잃게 되죠. 가장 중요한 것은 다른 사람들의 믿음을 얻는 일이에요. 그래야 다들 진심으로 리더를 믿고 따르게 되거든요. 그러기 위해서는 내세운 약속은 꼭 지켜야 하고, 자신이 맡은 일에 책임감을 가져야 하겠지요?

그리고 다른 사람들의 마음을 잘 헤아리는 것도 중요하다고 생각해요. 리더가 되는 것은 여러모로 힘든 점이 많지만 그만큼 보람도 있죠.

Q 왕이 되고 난 후 가장 기뻤던 일과 힘들었던 일은 무엇이었나요?

선덕 여왕: 음, 한 가지로 꼽아 말하기가 정말 어렵네요. 기뻤던 일도 많고 힘들었던 일도 많았으니까요. 그래도 굳이 가려 보자면 분황사가 완성되던 때 연호를 선포했던 일이 가장 기뻤어요. 나의 의지로 내가 만들어 갈 신라를 지금부터 열어 간다는 생각이 들었기 때문이죠.

힘들었던 일은 아무래도 백성들이 전쟁으로 고통받는 모습을 보는 것이었어요. 전쟁이 잦아지다 보니 신라의 백성들은 부상과 굶주림, 두려움으로 매우 지치고 힘들었지요. 다른 나라들의 견제를 받다 보니 전쟁을 안 할 수도 없는 노릇이고 정말 어떻게 해야 할지 저도 힘들고 답답했어요. 백성들이 좀 더 편하게 살 수 있도록 최대한 많이 노력했지만 지나고 보니 아쉬운 점이 많네요.

Q 왕위에 있는 동안 여왕님께 가장 중요했던 사람을 꼽는다면 누구일까요?

선덕 여왕: 저를 믿고 지지해 준 많은 사람들이 있었기 때문에 제가 왕위에 올라서 나라를 다스릴 수 있었어요. 그만큼 중요한 사람들이 많지만 그중에서도 김유신 장군을 꼽지 않을 수 없네요. 김유신은 매우 능력 있는 장군이었죠. 가야인의 핏줄이라는 이유로 차별을 받았지만 그런 설움을 딛고 최고의 자리에 오른 사람이에요. 나와 김유신 장군은 서로에 대한 믿음이 각별했어요. 나라에 어려움이 있을 때마다 김유신 장군과 상의하여 위기를 극복해 나갔으니까요. 우리는 서로에게 없어서는 안 될 존재였다고나 할까요?

Q 결국 신라가 삼국 통일을 이루었어요. 삼국 중에 가장 작은 나라였던 신라가 통일을 이룬 비결은 무엇일까요?

선덕 여왕: 결국 우리 신라가 삼국 통일의 꿈을 이루었군요! 직접 보지 못해 아쉽지만 정말 기쁘고 감격스러운 일이네요. 신라는 삼국 중에 가장 작은 나라였지만 다른 나라들이 쉽게 넘볼 수 없는 나라였어요. 화랑이라는 용맹한 군사들이 있었고 문화 수준도 매우 높았어요. 또 당나라와의 관계도 현명하게 이어 나가고 있었고요. 아마도 그런 노력들이 모여서 삼국 통일을 이룰 수 있었던 것 아닐까요?

Q 마지막으로 오늘날의 학생들에게 해 주고 싶은 이야기는 무엇인가요?

선덕 여왕: 언제나 꿈을 향해 노력하라는 말을 해 주고 싶네요. 저는 공

주 시절부터 '왕이 되면 이렇게 해야지.' 하는 생각을 늘 했어요. 왕이 된 저의 모습도 상상해 보고요. 그때의 노력들 덕분에 왕위에 오르고 난 후 여러 문제가 생겼을 때 당황하지 않고 극복해 나갈 수 있었어요.

　여러분은 지금 어떤 꿈을 가지고 있나요? 그 꿈을 이룬 여러분의 모습을 떠올려 보세요. 남들이 다 되지 않을 거라고 말해도 상관없어요. 저도 그랬거든요. 공주의 신분으로 왕이 될 거라고 누가 생각했겠어요? 가장 중요한 건 꿈을 이루고자 하는 자신의 마음가짐이랍니다.

선덕 여왕이 걸어온 길

● 579년   진평왕이 제26대 왕위에 오름.

● 631년   이찬 칠숙과 아찬 석품이 반역을 도모하다 처형당함.
● 632년   진평왕이 세상을 떠남. 선덕 여왕이 왕위에 오름.
● 634년   분황사를 완성함. 연호를 선포함.

630   635

- 635년　영묘사를 완성함.
- 636년　옥문곡 전투에서 백제를 물리침.
- 638년　칠중성 전투에서 고구려를 물리침.

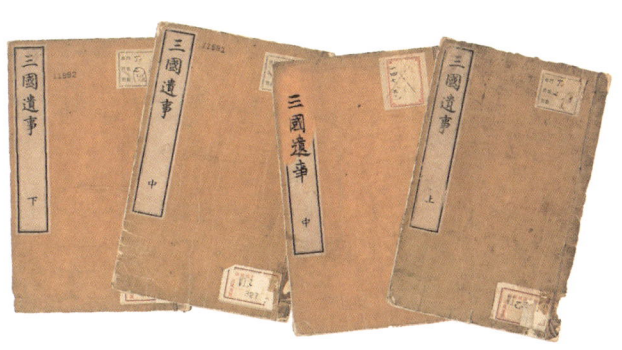

- 676년　신라의 삼국 통일.

640　　　　　　　650

- 642년　백제에 대야성을 빼앗김.
- 645년　황룡사 9층 목탑을 세움.
- 647년　세상을 떠남.